Govori
Izvornim
glasom

*"Koji se vozi po nebu
po nebu iskonskom!
Čuj,
glasom grmi,
glasom svojim silnim."
(Psalam 68:33)*

# Govori Izvornim glasom

Dr. Jaerock Lee

**Govori Izvornim Glasom**, dr. Jaerock Lee
Nakladnik: Urim Books (Predstavnik: Johnny. H. Kim)
73, Yeouidaebang-ro 22-gil, Dongjak-gu, Seoul, Korea
www.urimbooks.com

Sva prava pridržana. Ni ova knjiga, niti njezini dijelovi ne smiju se reproducirati niti u bilo kojem obliku, pohranjivati na računalni sustav elektroničkim, mehaničkim putom, fotokopiranjem, bez prethodnog pisanog odobrenja izdavača.

Osim ako nije drukčije naznačeno, svi citati iz Svetog pisma preuzeti su iz Biblije Kršćanske sadašnjosti, Zagreb, 2008. ®, autorska prava © prvo izdanje u vlastitoj nakladi izdavača Kršćanska sadašnjost, Zagreb, 2008. Odobreno korištenje. Korišteno s dopuštenjem.

Copyright © 2015. Dr. Jaerock Lee
ISBN: 979-11-263-1218-4 03230
Autorska prava na prijevod © 2013. Dr. Esther K. Chung. Korišteno s dopuštenjem.

*Prvi put objavljeno u rujanu 2023.*

Prethodno na korejskom objavio 2011. Urim Books u Seulu, Koreja.

Urednica: Dr. Geumsun Vin
Preveo: Zoran Ivančić
Dizajn: Dizajnerski tim Urim Books
Tiskao: Prione Printing
Za više informacija obratite nam se na: urimbook@hotmail.com

# Poruka publikacije

Sa nadom da će čitatelji primiti odgovore i blagoslove kroz izvorni glas, koji je punoća radova stvaranja....

Postoje mnoge vrste zvukova u ovom svijetu. Postoje prekrasni cvrkuti ptica, nevini smijeh beba, navijanje publike, buka benzinskih motora i zvuk glazbe. To su zvukovi koji su unutar raspona zvučnih frekvencija i također postoje drugi zvukovi kao ultrazvuk koje ljudi ne mogu čuti. Ako je frekvencija zvuka previsoka ili preniska, mi ne možemo čuti iako zapravo postoji. Nadalje, postoje zvukovi koje možemo čuti samo sa našim srcem. To je nešto kao zvuk naše savjesti. I onda, što bi bio najljepši i najmoćniji zvuk? To je "Izvorni Glas" koji dolazi od Boga Stvoritelja, koji je izvor svega.

"Koji ide po nebesima, nebesima iskonskim. Čuj, grmi glasom svojim, jakim glasom svojim" (Psalam 68:33).

"I gle, Slava Boga Izraelova dolazi od istoka; šum joj kao šum velikih voda: i zemlja se sjala od slave njegove" (Ezekiel 43:2).

Na početku, Bog je prekrivao cijeli svemir kao Svjetlo koje sadrži veličanstveni glas u sebi (1. Ivanova poslanica 1:5). Onda, On je planirao "ljudsku kultivaciju" da bi dobio pravu djecu sa kojom On može podijeliti pravu ljubav i On je došao u postojanje kao Trojedni Bog, kao Otac, Sin i Duh Sveti. Izvorni glas je ostao u Sinu i Duhu Svetom kao i u Ocu.

Kada je vrijeme došlo, Trojedni Bog je govorio sa izvornim glasom da bi stvorio nebesa i zemlju, te sve stvari u njima. On je rekao, "Neka bude svjetlost!" "Vode pod nebom neka se skupe na jedno mjesto i neka se pokaže kopno!" "Neka proklija zemlja zelenilom - travom sjemenitom, stablima plodonosnim, koja, svako prema svojoj vrsti," "Neka budu svjetlila na svodu nebeskom da luče dan od noći," "Nek' povrvi vodom vreva živih stvorova, i ptice nek' polete nad zemljom, svodom nebeskim!" (Postanak 1:3; 1:9; 1:11; 1:14; 1:20).

Prema tome, sve stvorene stvari mogu čuti izvorni glas koji je izgovorio Trojedni Bog i oni ga slušaju nadilazeći prostor i vrijeme. U Četiri Evanđelja, čak i ne žive stvari, vjetar i valovi se smiruju kada Isus govori sa izvornim glasom (Po Luki 8:24-25). Kada je on rekao oduzetom čovjeku "Otpuštaju ti se grijesi" i "Ustani, uzmi nosiljku i pođi kući" (Po Mateju 9:6), on se ustao i otišao kući. Oni koji su gledali tu scenu su bili začuđeni i slavili su Boga koji je dao takav autoritet čovjeku.

Po Ivanu 14:12 kaže, "Zaista, zaista, kažem vam: Tko vjeruje u mene, djela, koja ja činim, i on će činiti, i veća će od ovih činiti, jer ja idem k Ocu." Sad, kako danas možemo iskusiti radove izvornog glasa? Mi možemo čitati knjigu Djela apostolska koju su ljudi koristili kao Božji instrument da bi prikazali Božju moć, do mjere u kojoj su odbacili zlo iz svojih srca da bi kultivirali svetost u sebi.

Petar je rekao čovjeku koji nije mogao hodati od svojeg rođenja da hoda u ime Isusa Krista Nazarečanina i ispružio je svoju ruku. Onda se čovjek ustao, prohodao i skočio. Kada je On rekao Tabiti, koja je umrla, "Ustani," ona je oživila. Apostol Pavao je oživio mladog čovjeka imenom Eutih i kada je rubac ili tkanina odnesena sa njegovog tijela do bolesnih, bolesti su ih napuštale i zli dusi su protjerani.

Ovaj rad Govori Izvornim Glasom je zadnja knjiga u seriji "Svetost i Moć". Pokazuje ti put da možeš iskusiti moći Boga kroz izvorni glas. Tu su također upoznavanja sa pravim radom Božje moći tako da čitatelji mogu stvarno primijeniti principe u svojem svakodnevnom životu. Postoje također "Primjeri Biblije" koji će pomoći čitateljima shvatiti duhovni svijet i principe u primanju odgovara.

Dajem hvalu Geumsun Vin, direktorici urednčkog ureda i njenim radnicima, te se molim u ime Gospoda da će što više ljudi moguće primiti odgovore na molitve i blagoslove tako da iskuse izvorni glas koji prikazuje radove stvaranja.

*Jaerock Lee*

# Predgovor

Zajedno sa rastom crkve, Bog nam je dopustio održavati "Dvotjedne kontinuirane specijalne sastanke oživljenja" od 1993 do 2004. Bilo je za Boga da je dopustio crkvenim članovima imati duhovnu vjeru i zapaziti dimenziju dobrote, svjetla, ljubavi i moći Boga. Kako su godine prolazile, Bog im je dopustio iskusiti u svojim životima moć stvaranja koja ide izvan prostora i vremena.

Poruke koje su propovijedane na tim sastancima oživljenja su sastavljene kao serija "Svetost i Moć." Govori Izvornim Glasom nam govori o nekim od dubokih duhovnih stvari koje nisu široko objavljenje, kao što su: izvor Boga; izvor nebesa; radovi moći koje su prikazane kroz izvorni glas i kako to iskusiti u našim životima.

Poglavlje 1, "Izvor" objašnjava tko je Bog, kako je On postojao, te kako i zašto je On stvorio ljudska bića. Poglavlje 2, "Neba" objašnjava činjenicu da postoje mnoga neba i da Bog upravlja nad svim tim nebesima. Nastavlja tvrditi da mi možemo primiti odgovore na sve probleme samo ako vjerujemo u tog Boga, kroz iskustvo Naamana, generala vojske Arama. Poglavlje 3, "Trojedni Bog" govori o tome zašto je izvorni Bog podijelio prostore i pretvorio se u Trojednog Boga, te kakva je uloga svakog od Trojstva.

Poglavlje 4, "Pravda" raspravlja o pravdi Boga i kako mi možemo primiti odgovore koje su u skladu sa tom pravdom. Poglavlje 5, "Poslušnost" nam govori o Isusu koji je potpuno slušao Božje riječi i rasprava da mi također moramo slušati Božje riječi da bismo iskusili Božji rad. Poglavlje 6, "Vjera" objašnjava da iako svi vjernici kažu da vjeruju, postoje razlike u stupnjevima odgovora koji su primljeni i također nas uči da mi moramo pokazati vrstu vjere sa kojom možemo zaslužiti Božje potpuno povjerenje.

Poglavlje 7, "Što kažete tko sam ja?" govori o načinu na koji možemo primiti odgovore na primjeru Petra, koji je primio obećane blagoslove kada je ispovijedao da je Isus Gospod iz dubine svojeg srca. Poglavlje 8, "Što hoćeš da ti učinim?"

objašnjava korak po korak proces u kojem slijep čovjek prima svoj odgovor. Poglavlje 9, "Bit će učinjeno za tebe kao što si vjerovao" nam pokazuje tajne centuriona koji primio svoj odgovor, te pokazuje slučajeve stvarnog života iz naše crkve.

Kroz ovu knjigu, ja se molim u ime Gospoda da će svi čitatelji shvatiti izvor Boga i radove Trojednog Boga, te primiti sve što pitaju kroz svoju poslušnost i vjeru koja je u sukladnosti sa pravdom, tako da mogu davati slavu Bogu.

Travanj, 2009
*Geumsun Vin*
Direktorica uredničkog ureda

# Sadržaj

Poruka publikacije

Predgovor

| | | |
|---|---|---|
| Poglavlje 1 | Izvor | · 1 |
| Poglavlje 2 | Neba | · 17 |
| Poglavlje 3 | Trojedni Bog | · 35 |

***Primjeri Biblije I***

Događaji koji su se dogodili kada su se vrata drugog neba otvorila u prvom nebu

| | | |
|---|---|---|
| Poglavlje 4 | Pravda | · 55 |
| Poglavlje 5 | Poslušnost | · 73 |
| Poglavlje 6 | Vjera | · 91 |

***Primjeri Biblije II***
Treće nebo i prostor treće dimenzije

| | | |
|---|---|---|
| Poglavlje 7 | Što kažete tko sam ja? | · 109 |
| Poglavlje 8 | Što hoćeš da ti učinim? | · 125 |
| Poglavlje 9 | Bit će učinjeno za tebe kao što si vjerovao | · 141 |

***Primjeri Biblije III***
Moć Boga, koji posjeduje četvrto nebo

 # Izvor

> Ako razumijemo izvor Boga
> i kako je nastala ljudska vrsta,
> mi možemo vršiti cijelu dužnost ljudi.

Izvor Boga

Izvorni Bog je planirao ljudsku kultivaciju

Slika Trojednog Boga

Bog je stvorio čovjeka da bi stekao istinsku djecu

Izvor čovjeka

Sjeme života i začeće

Svemogući Bog Stvoritelj

*"U početku bijaše Riječ, i Riječ, bijaše u Boga,
i Bog bijaše Riječ."*
———————————

(Po Ivanu 1:1)

Danas, mnogi ljudi traže beznačajne stvari jer ne znaju o izvoru svemira ili o pravom Bogu koji vlada nad njim. Oni samo čine što god žele jer ne razumiju zašto oni žive na ovoj zemlji- pravu svrhu i vrijednost života. Nakon svega, oni žive životima koji se njišu kao trava jer oni ne znaju o svojem izvoru.

Međutim, mi možemo vjerovati u Boga i živjeti životom vršeći "cijelu dužnosti" ljudi ako razumijemo izvor Trojednog Boga i kako su ljudi nastali. Sad, što je izvor Trojednog Boga, Oca, Sina i Duh Svetog?

### Izvor Boga

Po Ivanu 1:1 nam govori o Bogu u početku, prvenstveno o izvoru Boga. Kada je "početak" ovdje? To je bilo prije vječnosti, kada nije bilo nikog drugog osim Boga Stvoritelja u svim prostranstvima svemira. Sva prostranstva svemira ne uključuju samo vidljivi svemir. Osim prostora svemira u kojem mi živimo, nezamislivo prostran i nemjerljiv prostor također postoji. U cijelom svemiru uključujući sva ta mjesta, Bog Stvoritelj je sam postojao još od prije vječnosti.

Jer sve na ovoj zemlji ima ograničenja te početak i kraj, većina ljudi ne može lako shvatiti koncept "prije vječnosti." Sad, možda je Bog mogao reći, "U početku bijaše Bog," ali zašto je On rekao, "U početku bijaše Riječ"? To je zbog toga što tada Bog nije imao "oblik" ili "izgled" kakav On ima sada.

Ljudi ovog svijeta imaju ograničenja, pa oni uvijek žele neku vrstu održivog oblika ili izgleda da bi im bilo lakše vidjeti i dodirnuti. Zbog toga oni prave razne oblike idola za slaviti. Ali kako može idol kojeg je čovjek napravio postati bog koji je stvorio neba i zemlju te sve stvari u njima? Kako oni mogu postati bogovi koji imaju kontrolu nad životom, smrti, srećom i nesrećom, te čak i ljudskom poviješću?

Bog je postojao kao Riječ u početku, ali zbog toga što ljudi nisu mogli prepoznati postojanje Boga, on je prešao u oblik. Pa, kako je Bog, koji je bio Riječ na početku, postojao? On je postojao kao prekrasno svijetlo i prekrasan glas. On nije imao ime ili oblik. On je postojao kao Svjetlo koje sadrži glas i upravljao je svim prostorima svemira. Kao što po Ivanu 1:5 kaže da je Bog Svjetlo, On prekriva sva prostranstva u cijelom svemiru sa Svjetlom i sadrži glas u sebi, a taj glas je "Riječ" koja se spominje po Ivanu 1:1.

### Izvorni Bog je planirao ljudsku kultivaciju

Kada je vrijeme došlo, Bog koji je postojao kao Riječ u početku je stvorio plan. To je bila "ljudska kultivacija". Jednostavno rečeno, to je bio plan da stvori čovjeka i dopusti mu namnožiti se u brojnosti, tako da neki od njih dođu kao prava djeca Boga i sliče Mu. Onda će ih Bog uzeti u kraljevstvo neba i zauvijek sretno živjeti dijeleći ljubav sa njima.

Nakon što je osmislio taj plan u Svojem umu, Bog je postavio Svoj plan u djelo korak po korak s vremenom. Prvo, On je podijelio cijeli svemir. Detaljnije ću objasniti o svemiru u drugom poglavlju. Zapravo, svi prostori su bili samo jedan prostor, a Bog je podijelio jedan prostor u mnogo prostora prema potrebama ljudske kultivacije. I jako važan događaj se dogodio nakon razdvajanja prostora.

Prije početka postojao je Jedan Bog, ali Bog je počeo postojati kao Trojstvo Oca, Sina i Duha Svetog. To je kao da je Bog Otac rodio Boga Sina i Boga Duha Svetog. Iz tih razloga, Biblija se odnosi na Isusa kao na jedinog začetog Sina Boga. I Poslanica Hebrejima 5:5, "Ti si sin moj, danas te rodih."

Bog Sin i Bog Duh Sveti imaju isto srce i moć jer dolaze od Jednog Boga. Trojstvo je isto u svemu. Iz tog razloga Poslanica Filipljanima 2:6-7 kaže o Isusu, "On, trajni lik Božji, nije se kao plijena držao svoje jednakosti s Bogom, nego sam sebe "oplijeni" uzevši lik sluge, postavši ljudima sličan; obličjem čovjeku nalik."

## Slika Trojednog Boga

U početku, Bog je postojao kao Riječ koja je boravila u Svjetlu, ali On je došao u oblik Trojednog Boga zbog ljudske kultivacije. Mi možemo zamisliti sliku Boga ako mislimo o sceni gdje Bog stvara čovjeka. Postanak 1:26 kaže, "Načinimo čovjeka na svoju sliku, sebi slična, da bude gospodar ribama morskim, pticama nebeskim i stoci - svoj zemlji - i svim gmizavcima što puze po zemlji!" Ovdje, "Mi" se odnosi na Trojstvo Oca, Sina i Duha Svetog i mi možemo razumjeti da smo stvoreni na sliku Trojednog Boga.

Kaže, "Načinimo čovjeka na svoju sliku, sebi slična," i mi možemo razumjeti kakvu sliku Trojedni Bog ima. Naravno, stvaranje čovjeka na sliku Boga se ne odnosi na to da samo na vanjski izgled sliči Bogu. Čovjek je također stvoren na sliku Boga iznutra; on je iznutra bio ispunjen sa dobrotom i istinom.

Ali je prvi čovjek Adam zgriješio u neposluhu i tada je on izgubio prvu sliku koja je dana kada je stvoren. I on se pokvario i postao je ukaljan sa grijehom i zlom. Pa, ako stvarno razumijemo da su naša tijela i srca stvorena na sliku Boga, mi bismo trebali obnoviti tu izgubljenu sliku Boga.

## Bog je stvorio čovjeka da bi stekao istinsku djecu

Nakon podjele prostora, Trojedni Bog je počeo stvarati potrebne stvari jednu po jednu. Na primjer, mjesto prebivanja Mu nije bilo potrebno kada je On postojao kao Svjetlo i Glas. Ali nakon što je uzeo oblik, trebalo Mu je mjesto prebivanja kao i anđeli i nebeska vojska koja Mu služi. Pa je On prvo stvorio duhovna bića u duhovnom prostoru, a onda je On stvorio sve stvari u svemiru u kojem mi živimo.

Naravno da On nije stvorio neba i zemlju u našem prostoru odmah nakon što je stvorio sve u duhovnom svijetu. Nakon što je Trojedni Bog stvorio duhovni svijet, On je živio sa nebeskom vojskom i anđelima beskrajno dug period vremena. Nakon tako dugog perioda, On je stvorio sve stvari u ovom fizičkom svijetu. I samo nakon što je stvorio sav okoliš u kojem ljudska bića mogu živjeti On je stvorio čovjeka na Svoju vlastitu sliku.

Sad, koji je razlog zašto je Bog stvorio čovjeka iako su postojali nebrojeni anđeli i nebeska vojska koji su Mu služili? To je zbog toga što je On želio dobiti pravu djecu. Prava djeca su oni koji sliče Bogu i oni koji mogu podijeliti pravu ljubav sa Bogom. Osim nekoliko odabranih, nebeska vojska i anđeli su bezuvjetno slušali i služili, zapravo, kao roboti. Ako razmišljaš o roditeljima i djeci, nijedan roditelj ne bi volio poslušnog robota više od svojeg djeteta. Oni vole svoju djecu zbog toga što mogu samovoljno podijeliti svoju ljubav. Ljudska bića su u drugu ruku sposobna slušati i voljeti Boga svojom voljom. Naravno, ljudi ne mogu razumjeti srce Boga i dijeliti ljubav sa Njim čim se rode. Oni moraju iskusiti mnoge stvari dok odrastaju, tako da mogu osjetiti ljubav Boga i shvatiti cijelu dužnost ljudi. Samo ti ljudi mogu voljeti Boga sa svojim srcem i slušati Njegovu volju.

Takvi ljudi ne vole Boga jer su prisiljeni to činiti. Oni ne slušaju riječi Boga iz straha od odmazde. Oni samo vole Boga i daju Mu hvalu sa svojom voljom. I, takav stav se ne mijenja. Bog je planirao ljudsku kultivaciju da bi dobio pravu djecu sa kojom On može podijeliti ljubav, dajući i primajući iz srca. Da bi se to dogodilo, On je stvorio prvog čovjeka Adama.

### Izvor čovjeka

Sad, kakvo je porijeklo čovjeka? Postanak 2:7 glasi, "Tada načini Gospod Bog čovjeka (Adama) od praha zemaljskoga i udahnu mu u lice duh života. Tako postade čovjek živo biće." Pa, ljudi su posebna bića koja nadilaze sve stvari koje Darwinova teorija evolucije iskazuje. Ljudska bića nisu evoluirala iz nižih životinja i došla do današnjeg nivoa. Ljudi su stvoreni na sliku Boga i Bog je udahnuo dah života u njih. To znači da su i duh i tijelo došli od Boga.

Prema tome, ljudi su duhovna bića koja su došla odozgor. Ne bismo trebali misliti o sebi kao malo razvijenijim od ostalih životinja. Ako pogledamo na fosile koji su predstavljeni kao dokaz evolucije, nema prijelaznog fosila koji može povezati različite vrste. Međutim, u drugu ruku, postoje mnogi dokazi stvaranja.

Na primjer, svo čovječanstvo ima dvoje oči, dva uha, jedan nos i jedna usta. I svi se nalaze na istom mjestu. I, to ne vrijedi samo za čovječanstvo. Sve vrste životinja imaju skoro istu strukturu. To je dokaz da je sva živa bića dizajnirao jedan Stvoritelj. Osim toga, činjenica da sve stvari u svemiru rade u savršenom redu, bez i najmanje greške, je dokaz Božjeg postojanja.

Danas, mnogi ljudi misle da su ljudska bića evoluirala iz životinja i prema tome oni ne shvaćaju odakle su došli i zbog čega ovdje žive. Ali jednom kada shvatimo da smo mi sveta bića koja su stvorena na sliku Boga, mi možemo shvatiti tko je naš Otac. Onda, mi ćemo prirodno pokušati živjeti prema Njegovoj Riječi i sličiti Mu.

Mi možemo misliti da je naš otac naš fizički otac. Ali ako nastavimo ići gore, prvi fizički otac je prvi čovjek Adam. Pa, mi možemo razumjeti da je naš pravi Otac Bog koji je stvorio ljudska bića. Izvorno, sjeme života je također Bog dao. U tom smislu, naši roditelji samo posuđuju svoja tijela kao instrumenti za to sjeme da bi se pomiješalo i da mi možemo biti začeti.

## Sjeme života i začeće

Bog je dao sjeme života. On je dao spermu čovjeku i jajašce ženi tako da oni mogu roditi dijete. U tom pogledu, čovjek ne može roditi dijete samo sa svojom sposobnosti. Bog im je dao sjeme života tako da oni mogu roditi. Sjeme života sadrži moć Bog koja može napraviti sve organe čovjeka. Oni su tako mali da bi bili vidljivi golim okom, ali osobnosti, izgled, navike i životna sila su sadržani u njima. Pa, kada se djeca rode, oni ne sliče roditeljima samo po izgledu nego i po osobnosti roditelja.

Ako ljudi imaju sposobnost rađati, zašto bi postojali neplodni parovi koji se pate začeti dijete? Začeće pripada samo Bogu. Danas, oni vrše umjetnu oplodnju u klinikama, ali nikad ne mogu stvoriti spermu i jajašce. Moć stvaranja strogo pripada Bogu.

Mnogi vjernici, ne samo u našoj crkvi nego i u drugim zemljama, osjete tu Božju moć stvaranja. Postoje mnogi parovi koji ne mogu imati bebu dugo vremena u svojem braku, čak i po 20 godina. Oni su pokušali sve metode koje su dostupne, ali bez uspjeha. Ali nakon primanja molitve, mnogi od njih rađaju zdravu djecu.

Prije nekoliko godina, par koji živi u Japanu ovdje je

posjetio susret oživljenja i primio je moju molitvu. Oni nisu samo bili ozdravljeni od svoje bolesti, nego su također primili blagoslov začeća. Takve vijesti su se proširile i mnogi ljudi iz Japana su došli da bi primili moju molitvu. Oni su također primili blagoslove začeća prema njihovoj vjeri. To je u konačnici vodilo do uspostavljanja crkve u toj regiji.

## Svemogući Bog Stvoritelj

Danas, mi vidimo razvoj sofisticirane medicinske znanosti, ali stvaranje života se može dogoditi samo sa moći Boga, upravitelja svog života. Kroz Njegovu moć, oni koji su udahnuli svoj posljednji dah su vraćeni u život; oni koji su primili smrtnu kaznu iz bolnice su ozdravljeni; mnoge neizlječive bolesti koje znanost ili medicina čovjeka ne može izliječiti su ozdravljeni.

Izvorni glas koji je izgovoren od Boga može stvoriti nešto iz ničega. Može prikazati radove moći za koje ništa nije nemoguće. Poslanica Rimljanima 1:20 govori "Jer što se na njemu ne može vidjeti, od postanja svijeta moglo se je spoznati i vidjeti na stvorenjima, i njegova vječna sila i božanstvo, te nemaju izgovora." Samo videći te stvari, mi možemo vidjeti moć i božanstvenu prirodu Boga Stvoritelja koji je izvor svih stvari.

Ako ljudi pokušaju shvatiti Boga unutar svojeg znanja, oni zasigurno imaju ograničenja. Zbog toga ljudi ne vjeruju riječima koje su zapisane u Bibliji. Isto tako, neki kažu da vjeruju ali ne vjeruju potpuno svim riječima Biblije. Jer je Isus znao tu situaciju ljudi, On je potvrdio riječi koje je On propovijedao sa mnogih moćnim radovima. On je rekao, "Ako ne vidite znakova i čudesa, ne vjerujete" (Po Ivanu 4:48). Isto je i danas. Bog je svemoguć. Ako vjerujemo u tog svemogućeg Boga i potpuno se pouzdamo u Njega, bilo koji problem se može riješiti i sve bolesti mogu biti ozdravljene. Bog je počeo stvarati sve stvari sa Svojom Riječi govoreći, "Neka bude svijetlo." Kada je izvorni glas Boga Stvoritelja izgovoren, slijepi će progledati, a oni koji su u kolicima i na štakama će prohodati i skočiti. Ja se nadam da ćeš ti primiti odgovore na sve svoje molitve i želje sa vjerom kada je izvorni glas Boga izgovoren.

Emmanuel Marallano Yaipen (Lima, Peru)

# Biti oslobođen od straha AIDS-a

Ja sam imao medicinsku kontrolu kada sam se priključio vojsci 2001 i čuo sam "Vi se HIV pozitivni." To je bila potpuno neočekivana vijest. Osjećao sam se prokleto.

Nisam ozbiljno uzimao česti proljev.

Samo sam sjedio na stolici i osjećao se bespomoćno.

"Kako o ovome mogu reći majci?"

Bio sam u boli, ali moje srce je bilo slomljeno još više kada sam mislio o majci. Još sam češće imao proljev, a imao sam i plijesan u svojim ustima i noktima. Moj strah od smrti me počeo obuhvaćati sve više, malo po malo.
Ali tada sam čuo o moćnom sluzi Boga iz Južne Koreje koji dolazi u

Peru u prosincu 2004. Ali nisam mogao vjerovati da se moja bolest može ozdraviti.

Odustao sam, ali moja me baka snažno poticala da odem posjetiti pohod. U konačnici sam otišao na "Campo de Marte" gdje se održavao "2004. ujedinjeni pohod Perua sa velečasnim dr. Jaerock Lee-om" Želio sam zadržati tu zadnju nadu.

Moje tijelo je već bilo uzbuđeno sa moći Duha Svetog dok je slušalo poruku. Rad Duha Svetog se prikazao kao serija čuda.

Velečasni dr. Jaerock Lee se nije molio za svaku osobu, nego se on samo molio za cijelu publiku. A ipak mnogo ljudi je posvjedočilo da su ozdravljeni. Mnogi ljudi su ustali iz svojih kolica i odbacili svoje štake. Mnogi su se radovali jer su njihove neizlječive bolesti ozdravljene.

I meni se također dogodilo čudo. Otišao sam na zahod nakon što je pohod završio i po prvi puta nakon dugo vremena ja sam normalno mokrio. Moj proljev je prestao u dva i pol mjeseca. Moje tijelo se

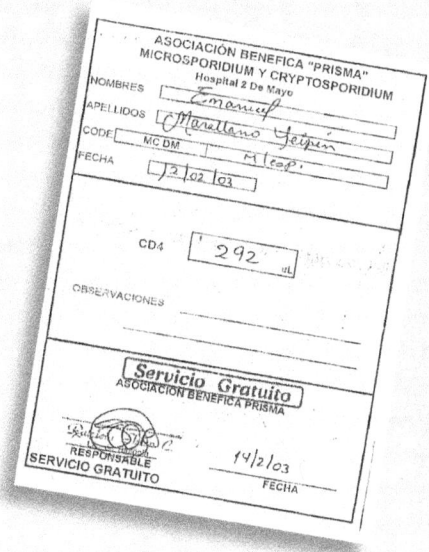

osjećao tako lagano. Bio sam siguran da sam ozdravio i otišao sam u bolnicu. Dijagnoza je rekao da je broj CD4 imunosnih stanica tako dramatično narastao da je bio u normalnom opsegu.

AIDS je neizlječiva bolest koje je u modernom društvu nazvana crna smrt. HIV nastavlja uništavati CD4 imunosne stanice. To vodi do ekstremno malih imunosnih funkcija koje uzrokuju druge komplikacije i u konačnici smrt.
CD4 imunosne stanice su umirale i stvarno je veličanstveno što su se obnovile uz molitvu velečasnog Dr. Jaerock Lee-a.

*Izvod iz Izvanredne stvari.*

 # Poglavlje 2 Neba

> Izvorni Bog boravi na četvrtom nebu,
> uprava svim nebesima,
> prvim nebom, drugim nebom,
> i trećim nebom.

Mnoga nebesa

Prvo nebo i drugo nebo

Edenski vrt

Treće nebo

Četvrto nebo, Božje mjesto prebivanja

Bog Stvoritelj, Svemogući

Svemogući Bog nadilazi ljudska ograničenja

Susresti svemogućeg Boga Stvoritelja

*"Ti si, Jahve, Jedini! Ti si, koji si stvorio nebo, nebo nad nebesima sa svom vojskom njegovom, zemlju i sve, što je na njoj, mora sa svim, što živi u njima. Svemu tomu daješ ti život. Tebi se klanja vojska nebeska."*

---

(Nehemija 9:6)

Bog je izvan ljudskih ograničenja. On postoji prije vječnosti kroz vječnost. Svijet u kojem On živi je prostor u kojem su dimenzije potpuno drugačije od ovog svijeta. Vidljivi svijet u kojem ljudi žive je fizički svijet, a prostor u kojem Bog boravi je duhovni svijet. Duhovi svijet stvarno postoji, ali samo zato što se ne može vidjeti sa našim fizičkim očima, ljudi često negiraju njegovo postojanje.

Jedan astronaut u prošlosti je rekao, "Putovao sam u svemir ali Bog nije bio tamo," Kako je to budalast iskaz! On misli da postoji samo vidljivi svemir. Ali čak i astronauti mogu vidjeti samo ograničeni dio ovog vidljivog svemira. I koliko je ovog širokog svemira astronaut vidio da može negirati postojanje Boga? Jer imamo ljudska ograničenja, čak ne možemo objasniti sve stvari u svemiru u kojem živimo.

## Mnoga nebesa

Nehemija 9:6 kaže, "Ti si, Jahve, Jedini! Ti si, koji si stvorio nebo, nebo nad nebesima sa svom vojskom njegovom, zemlju i sve, što je na njoj, mora sa svim, što živi u njima. Svemu tomu daješ ti život. Tebi se klanja vojska nebeska." Govori nam da ne postoji samo jedno nebo nego mnoga nebesa.

Onda, koliko zapravo nebesa postoji? Ako vjeruješ u kraljevstvo neba, ti se vjerojatno možeš sjetiti dva neba. Jedno je nebo u ovom fizičkom svijetu, a drugo je u kraljevstvu neba koje je nebo duhovnog svijeta. Ali Biblija spominje brojna neba u mnogim mjestima.

"Koji ide po nebesima, nebesima iskonskim. Čuj, grmi glasom svojim, jakim glasom svojim" (Psalam 68:33).

"Ali zar će Bog doista boraviti s ljudima na zemlji? Ta nebesa ni nebesa nad nebesima ne mogu ga obuhvatiti, a kamoli ovaj dom što sam ga sagradio!" (1. Kraljevima 8:27)

"Znam čovjeka u Kristu: prije četrnaest godina - da li u tijelu, ne znam; da li izvan tijela, ne znam, Bog zna - taj je bio ponesen do trećeg neba" (2. poslanica Korinćanima 12:2).

Apostol Pavao koji je ponesen do trećeg neba nam govori da postoji prvo, drugo i treće nebo, te da također može postojati još više nebesa.

Isto tako, Stjepan je rekao u Djelima apostolskim 7:56, "Evo vidim nebesa otvorena i Sina Čovječjega gdje stoji zdesna Bogu." Ako su čovjekove duhovne oči otvorene, on može vidjeti duhovni svijet i shvatiti postojanje kraljevstva neba.

Danas, čak i znanstvenici kažu da postoje mnoga nebesa. Jedan od vodećih znanstvenika na tom polju je Max Tegmark, kozmolog, koji je uveo koncept multiverzuma sa četiri nivoa.

U osnovi kaže da prilikom kozmoloških promatranja, naš svemir je dio cijelog svemira gdje brojni svemiri postoje, te svaki svemir može imati potpuno različite fizičke karakteristike. Drugačije fizičke karakteristike znače da karakteristike vremena i prostora mogu biti jako različite. Naravno, znanost ne može objasniti sve o duhovnom svijetu. Međutim, čak i sa znanstvenim pristupom, mi barem možemo dobiti uvid u činjenicu da naš svemir nije sve što postoji.

## Prvo nebo i drugo nebo

Mnoga nebesa se generalno mogu kategorizirati u dvije pod kategorije. To su neba u duhovnom svijetu koja su nevidljiva našim očima i nebo u fizikom svijetu u kojem mi živimo. Fizički svemir u kojem mi živimo je prvo nebo i od drugog neba nadalje je duhovni svijet. U drugom nebu postoji područje svjetla gdje se nalazi Edenski vrt i područje tame gdje zli duhovi borave. Poslanica Efežanima 2:2 kaže da su zli duhovi, "knez vlasti zraka" i da taj "zrak" pripada drugom nebu. Postanak 3:24 kaže da je na istoku Edenskog vrta Bog postavio kerubine i plamteći mač koji se okreće u svakom smjeru i štiti put do stabla života.

"Istjera, dakle, čovjeka i nastani ga istočno od vrta edenskog, pa postavi kerubine i plameni mač koji se svjetlucao - da straže nad stazom koja vodi k stablu života."

Sad, zašto bi ih Bog postavio na istoku? To je zbog toga što je "istok" kao granica između svijeta zlih duhova i Edenskog vrta koji pripada Bogu. Bog je štitio Vrt da bi spriječio zle duhovne od mogućeg ulaska u Vrt, da ne bi jeli sa stabla života i dobili vječan život.

Prije nego je jeo sa stabla spoznaje dobra i zla, Adam je imao autoritet kojeg je primio od Boga sa kojim je vladao nad Edenskim vrtom i svim stvarima u prvom nebu. Ali Adam je protjeran iz Edenskog vrta jer je prekršio Riječ Božju i jeo je sa stabla spoznaje dobra i zla. Od tada, netko drugi je morao štiti Edenski vrt gdje se nalazilo stablo života. Zbog toga je Bog postavio kerubine i plamteći mač koji se okreće u svim smjerovima umjesto Adama da bi štitio Vrt.

## Edenski vrt

U Postanku poglavlje 2, nakon što je Bog stvorio Adama iz prašine ove zemlje, On je napravio vrt u Edenu i doveo Adama u to mjesto. Adam je bio "živo biće" ili "živi duh". On je bio duhovno biće koje je primilo dah života od Boga. Zbog toga ga je Bog doveo na drugo nebo, koje je duhovni prostor, da bi tamo živimo.

Bog ga je također blagoslovio da podčini i vlada nad svime, dok je putovao sa Zemlje u prvom nebu. Ali nakon što je Adam zgriješio sa svojim neposluhom prema Bogu, njegov duh je umro i više nije mogao živjeti u duhovnom svijetu. Zbog toga je protjeran na Zemlju.

I oni koji ne razumiju tu činjenicu još uvijek pokušavaju pronaći Edenski vrt na Zemlji. To je zbog toga što ne shvaćaju da se Edenski vrt nalazi na drugom nebu, duhovnom svijetu, a ne u ovom fizičkom svijetu.

Piramide u Gizi, u Egiptu, jedno od čuda svijeta, su sofisticirane i velike čak do mjere kao da izgleda da nisu sagrađene sa ljudskom tehnologijom. Prosječna težina svakog komada kamena je 2.5 tona. I 2,3 milijuna komada kamena se nalazi u piramidi. Odakle su uzeli svo to kamenje? Isto tako, kakvu vrstu alata su koristili da bi ih sagradili u to vrijeme?

Onda tko je sagradio te piramide? Pitanje se može lako

odgovoriti ako mi razumijemo o mnogim nebesima i duhovnom prostoru. U više detalje je objašnjeno u lekciji Postanak. Sada, nakon što je Adam protjeran iz Edenskog vrta zbog svojeg neposluha, tko živi u Vrtu?

U Postanku 3:16 Bog je rekao Evi nakon što je počinila grijeh, "Trudnoći tvojoj muke ću umnožit, u mukama djecu ćeš rađati." "Umnožiti" znači da je bilo nešto boli tijekom rađanja i da će se jako povećati. Isto tako, Postanak 1:28 nam govori da su se Adam i Eva "množili" što znači da je Eva rađala dok su živjeli u Edenskom vrtu.

Prema tome, broj djece Adama i Eve koji su bili u Edenskom vrtu je bezbrojan. I, oni još uvijek tamo žive čak i nakon što su Adam i Eva protjerani zbog svojih grijeha. Samo što prije nego je Adam zgriješio, ljudi u Edenskom vrtu su mogli slobodno putovati do Zemlje, ali ograničenja su postavljena nakon što je Adam protjeran.

Koncept vremena i prostora između prvog neba i drugog neba je jako različit. I u drugom nebu postoji protok vremena, ali nije ograničen kao u prvom nebu, našem fizičkom svijetu. U Edenskom vrtu, nitko ne stari ili umire. Ništa ne nestaje ili postaje izumrlo. Čak i nakon dugo vremena, ljudi u Edenskom vrtu ne osjećaju mnogo razlike u vremenu. Oni osjećaju kao da žive u vremenu koje ne teče. Isto tako, prostor u Edenu je bezgraničan.

Da ljudi u prvom nebu ne umiru, jednog dana sve bi bilo ispunjeno sa ljudima. Ali zbog toga što drugo nebo ima neograničen prostor, nikad neće biti puno ljudi bez obzira koliko se ljudi rodi.

Neba • 23

## Treće nebo

Postoji još jedno nebo koje pripada duhovnom svijetu. To je treće nebo, gdje se kraljevstvo neba nalazi. To je mjesto gdje će spašena Božja djeca živjeti zauvijek. Apostol Pavao je jasno primio otkrivenje i vizije od Gospoda, te je on rekao u 2. poslanici Korinćanima 12:2-4, "Znam čovjeka u Kristu: prije četrnaest godina - da li u tijelu, ne znam; da li izvan tijela, ne znam, Bog zna - taj je bio ponesen do trećeg neba. I znam da je taj čovjek - da li u tijelu, da li izvan tijela, ne znam, Bog zna - bio ponesen u raj i čuo neizrecive riječi, kojih čovjek ne smije govoriti."

Baš kao što postoji glavni grad svake zemlje i drugi manji gradovi i čak mali gradići, postoje mnoga mjesta boravišta u kraljevstvu neba počevši od grada Novog Jeruzalema, gdje se Božji tron nalaz, do Raja koji se smatra kao periferija kraljevstva neba. Naše mjesto boravišta će biti različito u ovisnosti o tome koliko volimo Boga i do mjere u kojoj smo kultivirali srce istine i obnovili izdubljenu sliku Boga na ovoj zemlji.

Treće nebo ima još manje ograničenja prostora i vremena od drugog neba. Ima vječno vrijeme i bezgraničan prostor. Teško je za ljudska bića, koji žive u prvom nebu, shvatiti prostor i vrijeme kraljevstva neba. Zamislimo balon. Prije nego upušeš zrak u njega, područje balona i njegov volumen su ograničeni. Ali se može drastično promijeniti u ovisnosti o količini zraka kojeg upušeš u njega. Prostor u kraljevstvu neba je sličan. Kada gradimo kuću na ovoj zemlji, mi trebamo imati zemlju, a prostor koji možemo napraviti na toj zemlji će biti ograničen. Ali u prostoru trećeg kraljevstva, kuće mogu biti sagrađene na jako drugačije načine od ovih na zemlji zbog koncepta prostora, volumena, dužine ili visine koja ide preko onih ove zemlje.

## Četvrto nebo, Božje mjesto prebivanja

Četvrto nebo je izvorni prostor gdje je Bog postojao prije početka, prije nego je On podijelio cijeli svemir u nekoliko nebesa. U četvrtom nebu, beznačajno je koristiti koncept prostora i vremena. Četvrto nebo nadilazi svaki koncept vremena i prostora i to je mjesto gdje će se odmah ostvariti sve što Bog poželi u Svojem umu.

Uskrsli Gospod se pojavio pred Svojim učenicima koji su se bojali Židova i skrivali su se u kući sa zaključanim vratima (Po Ivanu 20:19-20). On se pojavio usred kuće iako nitko nije otvorio vrata za Njega. On se također odjednom pojavio Svojim učenicima koji su bili u Galileji i jeo je sa njima (Po Ivanu 21:1-4). On je bio ovdje na ovoj zemlji četrdeset dana i uzašao je na Nebo kroz oblake u vidu mnogih ljudi. Mi možemo vidjeti da je uskrsli Isus Krist mogao nadmašiti fizički prostor i vrijeme.

Onda, kako bi stvari bile još veće u četvrtom nebu gdje je Bog jednom izvorno boravio? Baš kao što On štiti i upravlja svim prostorima u svemiru dok je postojao kao Svijetlo koje sadrži Glas, On vlada nad svim prvim nebom, drugim nebom i trećim nebom dok boravi u četvrtom nebu.

## Bog Stvoritelj, Svemogući

Ovaj svijet u kojem ljudska bića žive je jako mala mrlja u usporedbi sa drugim prostranim i misterioznim nebesima. Na zemlji, ljudi čine sve što mogu da bi vodili bolji život prolazeći kroz sve vrste nevolja i poteškoća. Za njih su stvari na ovoj zemlji tako složene i problemi su teški za riješiti, ali ništa od toga ne predstavlja problem Bogu.

Pretpostavimo da čovjek gleda svijet mrava. Neki mravi imaju poteškoće noseći hranu. Ali čovjek je može postaviti u mravlju kuću jako lako. Ako mrav susretne lokvu koja je prevelika za preći, čovjek ga može uzeti u ruku i prebaciti na drugu stranu. Međutim, koliko god težak problem za mrava, to je mala stvar za čovjeka. Isto tako, uz pomoć Svemogućeg Boga, ništa nije problem.

Stari zavjet svjedoči o svemogućnosti Boga mnogo puta. Sa svemogućom moći Boga, Crveno more se razdvojilo i poplava Jordana je prestala. Sunce i mjesec su stajali, a kada je Mojsije udario kamen sa svojim štapom, voda je potekla iz njega. Bez obzira koliko veliku moć, bogatstva i koliko znanja može čovjek imati, da li je moguće da on razdvoji more i zaustavi sunce i mjesec? Ali Isus je rekao po Marku 10:27, "Ljudima je nemoguće, ali ne Bogu! Ta Bogu je sve moguće!"

Novi zavjet također predstavlja mnogo slučajeva gdje su bolesni i onesposobljeni ozdravljeni i napravljeni cijelima, te su čak mrtvi vraćani u život uz moć Boga. Kada su rubac ili pregača koju je dotaknuo Petar odnesen bolesniku, bolest bi bila izliječena i demoni bi otišli.

### Svemogući Bog nadilazi ljudska ograničenja

Čak i danas, ako samo dobijemo pomoć Boga, ništa nam

neće biti problem. Čak i naizgled najteži problemi više neće biti problem. I to se dokazuje svaki tjedan u crkvi gdje sam ja svećenik. Tako mnogo neizlječivih bolesti uključujući AIDS je ozdravljeno dok su vjernici slušali Riječ Boga u službi i primili su molitvu ozdravljenja.

Ne samo u Južnoj Koreji nego također i nebrojeni ljudi oko svijeta su iskusili veličanstvene radove ozdravljenja koji su zapisani u Bibliji. Takvi radovi su jednom prikazani na CNN-u. Dodatno, mi imamo pomoćnike pastore koji se mole sa rupcima na kojima sam se ja molio. Kroz takve molitve, veličanstveni radovi božanstvenoga ozdravljenja se događaju koji nadilaze rase i kulture.

Što se mene tiče, svi moji problemi u životu su riješeni nakon što sam susreo Boga Stvoritelja. Tako mnogo bolesti me prekrilo da sam dobio nadimak "robna kuća bolesti." Nije bilo mira u obitelji. Nisam mogao vidjeti niti jednu zraku nade. Ali ozdravljen sam od svih svojih bolesti u trenutku kada sam kleknuo u crkvi. Bog me je blagoslovio pa sam otplatio financijske dugove. Bilo je tako veliko da se činilo nemoguće otplatiti u mojem životu, ali ja sam ih otplatio u samo nekoliko mjeseci. Moja obitelj je primila sreću i radost. Iznad svega, Bog mi je dao zvanje da postanjem pastor i dao mi je Svoju moć da spasim nebrojene duše.

Danas tako mnogo ljudi kaže da vjeruju u Boga, ali postoji jako malo koji žive sa pravom vjerom. Ako oni imaju problem, većina njih se pouzdaje u ljudske načine umjesto da se pouzdaju u Boga. Oni su frustrirani i obeshrabreni kada njihovi problemi nisu riješeni njihovim načinom. Ako se razbole, oni ne gledaju na Boga, nego se pouzdaju u doktore i bolnicu. Ako se susretnu sa poteškoćama u svojem poslu, oni traže pomoć ovdje i tamo. Neki vjernici prigovaraju Bogu ili gube vjeru zbog svojih fizičkih poteškoća. Oni postaju nestabilni u svojoj vjeri i gube punoću ako su progonjeni ili kada očekuju neki gubitak zbog hodanja u ispravnosti. Međutim, ako oni vjeruju da je Bog stvorio nebesa i da je Njemu sve moguće, zasigurno oni to neće učiniti.

Bog je stvorio sve vrste unutarnjih organa ljudskih bića. Postoji li neka vrsta ozbiljne bolesti koju Bog ne može ozdraviti? Bog je rekao, "Moje je zlato, moje je srebro," (Hagaj 2:8). Može li On učiniti Svoju djecu bogatima? Bog može sve učiniti, ali ljudi se osjećaju obeshrabreno ili demoralizirano i napuštaju istinu jer ne vjeruju Bogu Svemogućemu. Bez obzira kakvu vrstu problema osoba ima, ona može riješiti u bilo koje vrijeme ako stvarno vjeruje Bogu iz svojeg srca i pouzda se u Njega.

### Susresti svemogućeg Boga Stvoritelja

Priča o zapovjedniku Naamanu u 2. Kraljevima poglavlju 5 nas uči o tome kako primiti odgovore na naše probleme od Boga Stvoritelja. Naaman je bio zapovjednik Aramove vojske, ali nije mogao ništa učiniti zbog svoje gube.

Jedan dan on je čuo od male Hebrejske sluškinje o moći Boga koju prorok Elišej iz Izraela prikazuje. On je bio nevjernik koji nije vjerovao u Boga, ali nije zanemario riječi male djevojčice jer je on imao dobro srce. On je pripremio vrijedne prinose da bi susreo Elišeja, čovjeka Boga i krenuo je na dugo putovanje.

Ali kada je došao do Elišejeve kuće, prorok se nije ni molio za njega niti ga je dočekao. Sve što je prorok učinio je naredio slugi da mu prenese poruku da opere svoje tijelo u Jordanu sedam puta. Na početku on se osjećao uvrijeđeno, ali nije prošlo dugo, on je promijenio svoje mišljenje i poslušao je. Iako ni djela niti riječi Elišaja nisu imale smisla prema njegovom mišljenju, on je vjerovao i poslušao zbog Božje sluge koji je prikazivao moć Boga izgovorenu sa riječima.

Kada je Naaman uronio svoje tijelo u Jordan sedam puta, njegova kuga je čudesno i potpuno ozdravljena. Ovdje, što simbolizira uroniti svoje tijelo u Jordan? Voda je Riječ Boga. To znači da osoba može primiti oprost od svojih grijeha ako se očisti od prljavih stvari svojeg srca sa Riječi Boga, način čišćenja svojeg tijela sa vodom. Jer broj sedam označava savršenstvo, uranjati sedam puta znači da je primio potpuni oprost.

Kao što je objašnjeno, da bismo mi ljudi primili odgovore od svemogućeg Boga, put komunikacije mora biti otvoren između Boga i nas tako da su nam oprošteni naši grijesi. Kaže u Izaiji 59:1-2, "Gle, nje prekratka ruka Gospodnja, da pomogne, nije gluho njegovo uho, da čuje. Ne, zlodjela vaša rastavljaju vas s Bogom vašim, grijehi vaši zaklonili su lice njegovo od vas, da ne čuje."

Ako ne znamo Boga i nismo prihvatili Isusa Krista, mi se moramo pokajati jer nismo prihvatili Isusa Krista (Po Ivanu 16:9). Bog kaže da smo ubojice ako mrzimo našu braću (1. Ivanova poslanica 3:15) i mi se moramo pokajati jer ne volimo svoju braću. Jakovljeva poslanica 4:2 govori, "Želite i nemate; ubijate. zavidite, i ne možete postići; borite se i vojujete". I nemate, jer ne molite. Molite, i ne primate, jer zlo molite, da u nasladama svojim trošite". Prema tome, mi se moramo pokajati od molitve sa pohlepom i molitve sa sumnjom (Jakovljeva poslanica 1:6-7).

Nadalje, ako nismo postavili Riječ Božju u praksu dok smo ispovijedali našu vjeru, mi se moramo temeljito pokajati. Ne bismo trebali samo reći da nam je žao. Mi se moramo potpuno pokajati sa našim srcima dok prolijevamo suze sa curećim nosom. Naše pokajanje se može smatrati pravim pokajanjem samo kada mi imamo čvrstu odlučnost živjeti prema Riječi Boga i zapravo ju prakticirati.

Ponovljeni zakon 32:39 kaže, "Vidite sada da ja, ja jesam, i da drugog Boga pored mene nema! Ja usmrćujem i oživljujem; ja udaram i iscjeljujem (i nitko se iz ruke moje ne izbavlja)." To je Bog u kojeg mi vjerujemo.

Bog je stvorio sva nebesa i sve stvari u njima. On zna sve naše situacije. On je dovoljno moćan da odgovori na sve naše molitve. Bez obzira koliko su očajne ili depresivne situacije za ljude, On može okrenuti sve kao da baca novčić. Prema tome, ja se nadam da ćeš ti primiti odgovore na molitve i želje srca tako da imaš pravu vjeru pouzdati se samo u Boga.

Dr. Vitaliy Fishberg (New York, Sjedinjene Američke Države)

# Na mjestu Čuda

Prije nego sam završio medicinsku školu u Moldaviji, bio sam glavni urednik medicinskoga časopisa "Your Family Doctor", koji je poznat u Moldaviji, Ukrajini, Rusiji i Bjelorusiji. 1997. preselio sam se u SAD. Imam doktorat u naturopatskoj medicini, PHD u kliničkom nutricionzmu i integrativnoj medicini, doktorat u alternativnoj medicini, doktorat u ortomolekularnoj medicini i počasni doktorat u znanosti o prirodnom zdravlju. Kada sam došao u New York nakon svoje izobrazbe, uskoro sam postao jako poznat u ruskoj zajednici i mnoge novine su objavljivale moje članke svaki tjedan. U 2006. sam čuo da će biti veliki kršćanski sastanak u Madison Square Gardenu. Imao sam priliku susresti delegaciju Manmin crkve i ja sam osjetio moć Duha Svetog među njima. Dva tjedna kasnije ja sam došao na pohod.
Velečasni dr. Jaerock Lee se molio za okupljene nakon propovijedi o tome zašto je Isus naš Spasitelj. "Gospode, ozdravi ih! Oče, Bože, ako poruka koju ja propovijedam nije ispravna, nemoj mi dopustiti prikazati nikakve moćne radove večeras! Ali ako je istina, dopusti da mnoge duše vide dokaze živog Boga. Dopusti da bogalji prohodaju! Neka oni koji ne čuju, čuju! Sve neizlječive bolesti, neka budu

spaljene sa vatrom Duha Svetog i neka budu ozdravljeni!"
Bio sam šokiran čuti takvu molitvu. Što ako se božanstveno ozdravljenje ne dogodi? Kako se mogao tako uvjereno moliti? Ali veličanstvene stvari su se već događale čak i prije nego je molitva za bolesnike završila. Ljudi koji su patili od zlih duhova su oslobođeni. Nijemi su počeli pričati. Slijepi su progledali. Tako mnogo ljudi je posvjedočilo da su njihova oštećenja sluha ozdravljena. Mnogi ljudi su ustali iz svojih kolica i odbacili svoje štake. Neki od njih su svjedočili da su ozdravljeni od AIDS-a.
Kako je pohod nastavljao, Božja moć je prikazana još više. Doktori iz svjetske kršćanske doktorske mreže, WCDN, koji su dolazili iz mnogih zemalja, su postavili stolove da bi primili svjedočanstva. Oni su pokušali medicinski potvrditi njihova svjedočanstva i pred kraj, ponestalo im je doktora koji bi mogli registrirati sve ljude koji su svjedočili svojem ozdravljenju!

Nubia Cano, 54 godine stara gospođa koja živi u Queensu je dobila dijagnozu kičmenog raka u 2003. Ona se nije mogla pomicati ili kretati. Provodila je svo svoje vrijeme u krevetu u strašnim bolovima i bila je primorana primati injekcije morfija svaka 2 sata. Doktor joj je rekao da više nikad neće moći hodati.
Kada je došla sa prijateljem na "2006. New York pohod sa velečasnim dr. Jaerock Lee-om" ona je vidjela kako su mnogi ljudi primili Božje ozdravljenje i ona je počela dobivati vjeru. Kada je ona primila molitvu velečasnog Lee-a, ona je osjetila toplinu kroz svoje tijelo i osjećala je kao da joj netko masira leđa. Bol u leđima je nestala i od pohoda, ona može hodati i saginjati se! Njen doktor je bio začuđen kad ju je vidio- netko tko više nije mogao hodati- kako slobodno hoda. Ona sada čak može plesati na zvukove megenge.

Maximillia Rodriguez živi u Brooklynu i imala je jako slab vid. Ona je nosila kontaktne leće 14 godina i naočale posljednje 2 godine. Na posljednji dan pohoda, ona je primila molitvu velečasnoga dr.

Medicijski doktori WCDN-a zapisuju svjedočanstva

Jaerock Lee-a i onda je shvatila da je počela bolje vidjeti bez svojih naočala. Danas, ona može čitati čak i najmanji tekst u svojoj Bibliji bez pomoći naočala. Njen oftalmolog, nakon što je primijetio i potvrdio nevjerojatno poboljšanje u njenom vidu, nije se mogao načuditi tome što je posvjedočio.

Madison Square Garden, gdje se pohod održao u srpnju 2006. je stvarno mjesto čuda. Bio sam tako potaknuti sa moći Boga. Njegova moć me promijenila i dopustila mi vidjeti novi smjer u životu. Odlučio sam postati Božji instrument da bi medicinski dokazao Božji rad ozdravljenja i da bi ga pokazao cijelom svijetu.

*- Izvod iz Izvanrednih stvari -*

#  Trojedni Bog

> Bog u kojeg mi vjerujemo je jedan Bog.
> Ali On ima tri osobe u Sebi:
> Oca, Sina i Duha Svetog.

Providnost Boga za ljudsku kultivaciju
Priroda i red Trojednog Boga
Uloge Trojednog Boga
Isus Sin otvara put spasenja
Duh Sveti završava spasenje
Ne gasi Duh
Bog Otac, Upravitelj ljudske kultivacije
Trojedni Bog ispunjava providnost spasenja
Negiranje Trojednog Boga i radova Duha Svetog

*"Pođite dakle i učinite mojim učenicima sve narode krsteći ih u ime Oca i Sina i Duha Svetoga."*

(Po Mateju 28:19)

Trojedni Bog znači da su Bog Otac, Bog Sin i Bog Duh Sveti jedno. Bog u kojeg mi vjerujemo je jedan Bog. Ali On ima Tri Osobe u Sebi: Otac, Sin i Duh Sveti, A ipak, jer su Oni jedno, mi kažemo "Trojedni Bog" ili "Bog Trojstva".

To je jako važna doktrina kršćanstva, ali skoro pa nema netko tko može jasno i u detalje to objasniti. To je zbog toga što je jako teško za ljude, koji imaju ograničeno razmišljanje i teorije shvatiti izvor Boga Stvoritelja. Ali do mjere u kojoj mi razumijemo Trojednog Boga, mi možemo razumjeti Njegovo srce i volju još jasnije i primiti blagoslove i odgovore na naše molitve u komunikaciji sa Njim.

## Providnost Boga za ljudsku kultivaciju

Bog je rekao u Izlasku 3:14, "JA SAM KOJI JESAM." Nitko Ga nije rodio ili stvorio. On je samo postojao od početka. On je izvan ljudskog shvaćanja ili zamisli; On nema početka ili kraja; On samo postoji od prije vječnog kroz vječnost. Kao što je objašnjeno iznad, Bog je postojao samo kao Svjetlo sa zvučnim glasom unutar širokog prostora (Po Ivanu 1:1; 1. Ivanova poslanica 1:5). Ali u određenoj točci u vremenu On je želio imati nekog s kim bi On mogao podijeliti ljubav i On je planirao ljudsku kultivaciju da bi dobio pravu djecu.

Da bi proveo ljudsku kultivaciju, Bog je prvo podijelio prostor. On je podijelio prostor u duhovni prostor i fizički prostor gdje će ljudi sa fizičkim tijelima živjeti. Nakon toga, On je došao u postojanje kao Trojedni Bog. Izvorni Bog je prešao u postojanje u tri osobe, Otac, Sin i Duh Sveti.

Biblija govori da je Bog Sin Isus Krist rođen od Boga (Djela apostolska 13:33), i po Ivanu 15:26 i Poslanica Galaćanima 4:6

kaže da je Duh Sveti također došao od Boga. Kao stvaranje alter ega, Sin Isus i Duh Sveti su proizašli od Boga Oca. To je bilo apsolutno potrebno za ljudsku kultivaciju.

Isus Sin i Duh Sveti nisu stvorenja koja je Bog stvorio, nego su Oni izvorno Sam Bog. Oni su jedno u izvoru, ali Oni postoje odvojeno zbog ljudske kultivacije. Njihove uloge su različite ali Oni imaju jedno srce, misli i moć, te zbog toga mi kažemo da su Oni Trojedni Bog.

## Priroda i red Trojednog Boga

Kao Bog Otac, Sin Isus i Duh Sveti su također svemogući. Isto tako, Sin Isus i Duh Sveti osjećaju i žele ono što Bog Otac osjeća i želi. I obratno, Bog Otac osjeća radost i boli Sina Isusa i Duha Svetog. A ipak, Tri Osobe su samostalna bića koja imaju samostalne karaktere i Njihove su uloge također različite.

U jednu ruku, Sin Isus je primio isto srce od Boga Oca, ali Njegovo blaženstvo je jače od Njegove ljudskosti. Prema tome Njegovo božanstveno dostojanstvo i pravda su istaknutiji. U drugu ruku, u slučaju Duha Svetog, Njegova ljudskost je snažnija. Njegov nježan, ljubazan, milosrdan i suosjećajan karakter su istaknutiji.

Kao što je objašnjeno, Bog Sin i Bog Duh Sveti su jedno u izvoru sa Bogom Ocem ali su samostalna bića sa dobro istaknutim karakterima. Njihove su uloge također različite prema redu. Nakon Boga Oca je sin Isus Krist i Duh Sveti je nakon Sina. On služi Sina i Oca sa ljubavi.

## Uloge Trojednog Boga

Tri Osobe Trojstva zajedno provode svećeništvo ljudske kultivacije. Svaka od Tri Osobe potpuno izvršava Svoju vlastitu ulogu, ali Oni ponekad zajedno vrše svećeništvo na jako važnom dijelu u ljudskoj kultivaciji.

Na primjer, Postanak 1:26 kaže, "Načinimo čovjeka na svoju sliku, sebi slična," Mi možemo zaključiti da je Trojedni Bog zajedno stvorio ljudska bića prema Njihovoj slici. Isto tako, kada je Bog došao provjeriti Babelov toranj, Tri Osobe su bile zajedno. Kada su ljudi počeli graditi Babelov toranj sa željom da postanu kao Bog, Trojedni Bog je zbunio njihov jezik. Rečeno je u Postanku 11:7, "Hajde da siđemo i jezik im pobrkamo, da jedan drugome govora ne razumije." Ovdje, "Mi" je prvo lice množine i možemo vidjeti da su Tri Osobe Trojednog Boga skupa radile. Kao što je objašnjeno, Tri Osobe ponekad rade kao jedno, ali zapravo Oni izvode zasebne uloge tako da se providnost ljudske kultivacije može završiti počevši sa Stvaranjem sve do spasenja ljudskih bića. Sada, koju ulogu ima svaka Osoba Trojstva?

### Isus Sin otvara put spasenja

Uloga Sina Isusa je postati Spasitelj i otvoriti put spasenja za grešnike. Pošto je Adam u svojem neposluhu pojeo plod koji mu je Bog zabranio, grijeh je došao u ljudska bića. Sada, ljudskim bićima je potrebno spasenje.

I oni su osuđeni pasti u vječnu smrt, vatru Pakla, prema zakonu duhovnog svijeta koji kaže da su plaće za grijeh smrt. Međutim, Isus, Sin Boga, je platio kaznu smrti za grešnike tako da oni ne moraju pasti u Pakao.

Sada, zašto je Isus Sin morao postati Spasitelj za svo čovječanstvo? Baš kao što svaka zemlja ima svoje zakone, tako i duhovni svijet ima svoje zakone i ne može bilo tko postati Spasitelj. Osoba može otvoriti put spasenja samo ako ima sve kvalifikacije. Što su onda kvalifikacije za postati Spasitelj i otvoriti put spasenja za čovječanstvo koje je osuđeno na smrt zbog grijeha?

Prvo, Spasitelj mora biti čovjek. 1. poslanica Korinćanima 15:21 kaže, "Doista po čovjeku smrt, po Čovjeku i uskrsnuće od mrtvih!" Kao što je zapisano, zbog smrti koja je došla u ljude zbog neposluha čovjeka Adama, spasenje mora doći kroz čovjeka kao što je Adam.

Drugo, Spasitelj ne smije biti Adamov potomak. Adamovi potomci su svi grešnici koji su rođeni sa izvornim grijehom koji je naslijeđen od njihovih očeva. Nijedan Adamov potomak ne može postati Spasitelj. Ali Isus je začet sa Duhom Svetim i On nije Adamov potomak. On nema nikakav izvorni grijeh koji je naslijeđen od roditelja (Po Mateju 1:18-21).

Treće, Spasitelj mora imati moć. Da bi otkupio grešnike od neprijatelja vraga, Spasitelj mora imati moć, a duhovna moć je biti bezgrešan. On ne smije imati izvorni grijehe, i On ne smije počiniti niti jedan grijeh potpuno slušajući Riječ Boga. On mora biti slobodan od bilo kakve mrlje ili mane.

Posljednje, Spasitelj mora imati ljubav. Čak i ako osoba ima sve tri kvalifikacije iznad, on ne bi umro za grijehe drugih ljudi ako nema ljubavi. Onda, čovječanstvo nikad ne bi bilo spašeno. Prema tome, Spasitelj mora imati ljubav da bi preuzeo kaznu smrti umjesto čovječanstvo koje je grešno.

Film, "Pasija" jako dobro opisuje patnje Isusa. Isus je bio bičevan i Njegovo tijelo je bilo iskidano. On je pribijen kroz Svoje ruke i noge i On je nosio trnje na Svojoj glavi. Obješen je na križ i kada je On konačno udahnuo posljednji put, probijen je sa strane i prolio je svu Svoju vodu i krv. On je preuzeo sve te patnje da bi nas otkupio od svih bezakonja, grijeha, bolesti i slabosti.

Od Adamovog grijeha, nijedan čovjek nije susreo sve četiri kvalifikacije. Prvo, Adamovi potomci su naslijedili izvorni grijeh, prvenstveno grešnu narav od svojih predaka kada su rođeni. I nema čovjeka koji je živio potpuno prema zakonu Boga i nema nijednog koji nije niti malo griješio. Čovjek u velikom dugu ne može platiti dug drugih. Na isti način, grešnici koji imaju izvorni grijeh i samo počinjeni grijeh ne mogu spasiti grešnike, druga ljudska bića. Iz tog razloga Bog je pripremio tajnu skrivenu od početka doba, prvenstveno Isusa Sina Boga.

Isus je susreo sve kvalifikacije kao Spasitelj. On je rođen na zemlji sa tijelom čovjeka, ali nije začet kroz kombinaciju sperme čovjeka i jajašca žene. Djevica Marija je bila sa djetetom Duha Svetog. Pošto Isus Krist nije Adamov potomak, On nema izvorni grijeh. I, kroz cijeli Njegov život On je ispunjavao Zakon i nije počinio nikakav osobni grijeh.

To je savršeno kvalificiralo Isusa za raspeće sa žrtvom ljubavi za grešnike. Stoga, ljudska bića su primila put oprosta od svojih grijeha kroz Njegovu krv. Da Isus nije postao Spasitelj, sva ljudska bića od Adama bi pala u Pakao. Isto tako, da su svi pali u

Pakao, cilj ljudske kultivacije se ne bi ostvario. To znači da nitko ne bi mogao ući u kraljevstvo neba i prema tome Bog ne bi dobio pravu djecu.

Zbog toga je Bog pripremio Sina Isusa koji će izvesti ulog Spasitelja, da bi ispunio svrhu ljudske kultivaciju. Svatko tko vjeruje u Isusa, koji je umro na križu za nas bez ikakvoga grijeha, može dobiti oprost od svojih grijeha i primiti pravo postati dijete Boga.

## Duh Sveti završava spasenje

Slijedeće, uloga Duha Svetog je završavanje spasenja tako da vodi ljude kroz Sina Isusa. To je kao majka koja doji i odgaja novorođenu bebu. Duh Sveti sadi vjeru u srcima oni koji su prihvatili Gospoda i vodi ih dok ne dođu do kraljevstva neba. On izdvaja nebrojene duhove dok On vrši Svoje svećeništvo.

Izvorno biće Duha Svetog je na jednom mjestu, ali nebrojeni duhovi koji su izdvojeni od Njega čine svećeništva u isto vrijeme svuda u svijetu sa istim srcem i moći.

Naravno, Otac i Sin također mogu podijeliti nebrojene duhove kao što je to u slučaju Duha Svetog. Isus je rekao po Mateju 18:20, "Jer gdje su dvojica ili trojica sabrana u moje ime, tu sam i ja među njima." Mi možemo razumjeti da Isus može podijeliti nebrojene duhove iz svoje izvorne osobe. Gospod Isus ne može biti sa vjernicima kao Svoja izvorna osoba na svakom mjestu gdje se okupljaju u Njegovo ime. Umjesto toga, On dijeli duhove posvuda i oni su sa njima.

Duh Sveti vodi svakog vjernika nježno i ljupko kao majka koja se brine za bebu. Kada ljudi prihvate Gospoda, duh odvojen od Duha Svetog dolazi u njihova srca. Bez obzira koliko mnogo ljudi prihvati Gospoda, izdvojeni duhovi Duha Svetog mogu doći u srca svih njih i boraviti u njima. Kada se to dogodi, mi kažemo da su oni "primili Duh Sveti". Duh Sveti boravi u srcima vjernika i pomaže im imati duhovnu vjeru da bi bili spašeni, te ih On trenira sa vjerom da odrastu do pune mjere kao privatni učitelj.

On vodi vjernike da marljivo uče Riječ Boga, da promijene svoja srca prema Riječi i da nastave duhovno odrastati. Prema Riječi Boga, vjernici moraju promijeniti vrući temperament u blagost i mržnju u ljubav. Ako si bio zavidan ili ljubomoran u prošlosti, sada se moraš radovati u uspjehu drugih u istini. Ako si bio arogantan, sada se moraš poniziti i služiti drugima.

Ako si u prošlosti tražio svoju korist, sada se moraš žrtvovati do točke smrti. Ljudima koji čine zla djela prema tebi, ne smiješ činiti zlo nego pokrenuti njihova srca sa dobrotom.

## Ne gasi Duh

Čak i nakon što prihvatiš Gospoda i bio si vjernik nekoliko godina, ako još uvijek živiš u neistini baš kao kada si bio nevjernik, Duh Sveti koji boravi u tebi će jako puno jadikovati. Ako se lako iziritiramo kada patimo bez razloga, ili ako sudimo i osuđujemo našu braću u Kristu i otkrivamo njihove prijestupe, mi ne bismo trebali moći dići našu glavu pred Gospodom koji je umro za naše grijehe.

Pretpostavimo da si primio crkvenu titulu kao što je đakon ili starješina, ali nemaš mir sa drugima ili zadaješ drugima teško vrijeme, ili im uzrokuješ da se spotiču zbog svoje samopravednosti. Onda, Duh Sveti koji boravi u tebi će jako puno žaliti. Pošto smo mi prihvatili Gospoda i ponovno se rodili, mi moramo pokušavati odbaciti sve oblike zla i grijeha i moramo povećavati našu vjeru dan za danom.

Čak i nakon što prihvatiš Gospoda, ako još uvijek živiš u grijesima svijeta i činiš grijehe koji vode do smrti, Duh Sveti u tebi će te naposljetku napustiti, a tvoje ime će biti izbrisano iz knjige života. Izlazak 32:33 kaže, "Onoga koji je protiv mene sagriješio izbrisat ću iz svoje knjige."

Otkrivenje 3:5 govori, "Tko pobijedi, on će se obući u haljine bijele, i neću izbrisati imena njegova iz knjige života, i priznat ću ime njegovo pred Ocem svojim i pred anđelima njegovim." Ovi stihovi nam govore da, čak i ako smo primili Duh Sveti i naša imena su zapisana u knjizi života, ona također mogu biti izbrisana.

Isto tako, 1. poslanica Solunjanima 5:19 upozorava nas, "Duha ne gasite!" Kao što je rečeno, čak i ako si spašen i primio si Duh Sveti, ako ne živiš u istini, Duh Sveti će se ugasiti.

Duh Sveti boravi u srcu svakog vjernika i vodi ga da ne izgubi spasenje tako da ga stalno prosvjetljuje o istini i potiče ga živjeti prema volji Boga. Dok nas uči o grijehu i pravednost On nam dopušta znati da je Bog Stvoritelj, da je Isus Krist naš Spasitelj, da postoji Nebo i Pakao i da će biti Sud.

Duh Sveti posreduje za nas pred Bogom Ocem baš kao što je zapisano u Poslanici Rimljanima 8:26, "Tako i Duh potpomaže našu nemoć. Doista ne znamo što da molimo kako valja, ali se sam Duh za nas zauzima neizrecivim uzdasima." On nariče kada djeca Boga počine grijehe i pomaže im pokajati se i okrenuti od svojih putova.

I On izlijeva na njih inspiraciju i punoću Duha Svetog i daje im razne darove tako da oni uvijek mogu odbaciti sve vrste grijeha i iskusiti radove Boga. Mi koji smo djeca Boga moramo tražiti za te radove Duha Svetog i žudjeti za dubljim stvarima.

### Bog Otac, Upravitelj ljudske kultivacije

Bog Otac je upravitelj velikog plana ljudske kultivacije. On je Stvoritelj, Vladar i Sudac na Zadnji Dan. Bog Sin, Isus Krist, je otvorio put spasenja za ljudska bića koji su grešnici. Konačno, Bog Duh Sveti vodi one koji su spašeni do prave vjere i primanja potpunog spasenja. Drugim riječima, Duh Sveti završava spasenje koje je dano svakom vjerniku. Svako svećeništvo Tri Božanske Osobe djeluje kao jedna moć u ostvarivanju providnosti kultivacije ljudskih bića kao prave djece.

Međutim, svako od Njihovih svećeništva je strogo izdvojeno prema redu, ipak Tri Osobe u isto vrijeme skupa rade. Kada je Isus došao na zemlju, On je potpuno slijedio volju Oca bez nametanja Svoje vlastite volje. Duh Sveti je bio sa Isusom pomažući Mu sa Njegovim svećeništvom, od vremena kada je Isus začet u Djevici Mariji. Kada je Isus obješen na križ i patio je u boli, Otac i Duh Sveti su osjetili istu patnju i bol u isto vrijeme.

Na isti način, kada Duh Sveti nariče i posreduje za duše, Gospod i Otac također osjete istu bole i naricanje. Tri Osobe Trojednog Boga čine sve sa istim srcem i voljom u svakom trenutku i osjete iste emocije odnosno u svećeništvu svake Osobe. U jednoj riječi, Tri Osobe su ostvarile sve u Tri u Jedan.

## Trojedni Bog ispunjava providnost spasenja

Tri Božanske Osobe ispunjavaju providnost ljudske kultivacije kao Tri u Jednom. Rečeno je u 1. Ivanovoj poslanici 5:8, "Duh, voda i krv; i to je troje jedno." Voda ovdje simbolizira svećeništvo Boga Oca koji je Riječ. Krv označava svećeništvo Gospoda koji je prolio svoju krv na križu. Trojedni Bog vrši svećeništvo kao Duh, Voda i Krv koji su u sporazumu, da bi svjedočili da su djeca koja vjeruju spašena.

Pa, mi moramo jasno razumjeti svako svećeništvo Trojednog Boga i ne smijemo se nakloniti niti jednoj Osobi Trojstva. Samo kada prihvatimo i vjerujemo u Tri Osobe Trojednog Boga, mi ćemo biti spašeni sa vjerom u Boga i mi ćemo moći reći da znamo Boga. Kada se mi molimo, mi se molimo u ime Isusa Krista, ali Bog Otac je onaj koji nam odgovara, a Duh Sveti je taj koji nam pomaže primiti odgovor.

Isus je također rekao po Mateju 28:19, "Pođite dakle i učinite mojim učenicima sve narode krsteći ih u ime Oca i Sina i Duha Svetoga," i apostol Pavao je blagoslovio vjernike u ime Trojstva u 2. poslanici Korinćanima 13:14, "Milost Gospodina Isusa Krista, ljubav Boga i zajedništvo Duha Svetoga sa svima vama." Zbog toga, na nedjeljnim jutarnjim službama, blagoslov je dan tako da će djeca Boga primiti milost Spasitelja i Gospoda Isusa Krista, ljubav Boga Oca i inspiraciju i punoću Duha Svetog.

## Negiranje Trojednog Boga i radova Duha Svetog

Postoje neke osobe koje ne prihvaćaju Trojstvo. Među njima su Jehovini svjedoci. Oni ne prihvaćaju božanstvo Isusa Krista. Oni također ne prihvaćaju individualnu osobnost Duha Svetog i stoga se smatraju hereticima.

Biblija kaže da su oni koji negiraju Isusa Krista i donose brzo uništenje na sebe heretici (2. Petrova poslanica 2:1). Oni izgledaju kao da prakticiraju kršćanstvo izvana ali oni ne slijede volju Boga. Oni nemaju ništa sa spasenjem i mi vjernici ne smijemo biti prevareni.

Različito od heretika, neke crkve negiraju radove Duha Svetog iako ispovijedaju vjeru u Trojstvo. Biblija prikazuje razne darove Duha Svetog kao što su govor u jezicima, proročanstva, božanstveno ozdravljenje, otkrivanja i vizije. I postoje neke crkve koje sude te radove Duha Svetog kao nešto pogrešno ili pokušavaju remetiti rad Duha Svetog, iako ispovijedaju da vjeruju u Boga.

Oni često osuđuju crkve koje prikazuju darove Duha Svetog kao heretike. To direktno vrijeđa volju Boga i oni čine neoprostive grijehe huljenja, sramoćenja ili protivljenja Duhu Svetom. Kada oni počine te grijehe, duh pokajanja ne dolazi na njih i oni se ne mogu čak ni pokajati.

I ako blate ili osuđuju slugu Boga ili crkvu ispunjenu sa radovima Duha Svetog, to je isto kao osuđivanje Trojednog Boga i djeluju kao neprijatelj koji stoji protiv Boga. Djeca Boga koja služe i primili su Duh Sveti ne smiju izbjegavati radove Duha Svetog, nego zapravo suprotno, trebaju žudjeti za takvim radovima. Posebno svećenici ne smiju samo iskusiti radove Duha Svetog, nego također moraju prikazati te radove Duha Svetog tako da njihovo stado može živjeti obilnim životom sa tim radovima.

1. poslanica Korinćanima 4:20 kaže, "Ta nije u riječi kraljevstvo Božje, nego u kreposti." Ako svećenici uče svoje stado

samo sa znanjem ili formalnostima, to znači da slijepac vodi drugog slijepca. Svećenici moraju učiti svoje stado točnoj istini i dopustiti im iskusiti dokaze živog Boga prikazujući radove Duha Svetog. Današnjica se odnosi kao na "Era Duha Svetog". Pod vodstvom Duha Svetog, mi primamo obilne blagoslove i milost Trojednog Boga koji kultivira ljudska bića.

Po Ivanu 14:16-17 govori, "I ja ću moliti Oca, i dat će vam drugoga Utješitelja, da ostane s vama dovijeka, Duha istine, kojega svijet ne može primiti, jer ga ne vidi, niti ga poznaje; a vi ga poznajete, jer ostaje kod vas i u vama je."

Nakon što je Gospod ispunio svećeništvo ljudske kultivacije, uskrsnuo i uzašao na Nebo, Duh Sveti je naslijedio Gospoda u svećeništvu ljudske kultivacije. Duh Sveti je sa svakim vjernikom koji prihvati Gospoda i vodi te vjernike do istine dok boravi u srcu svakog vjernika.

Nadalje, danas dok grijesi prevladavaju i tama sve više prekriva svijet, Bog Se pokazuje onima koji Ga traže iz svojeg srca i daje im vatrene radove Duha Svetog. Ja se nadam da ćeš postati pravi dijete Boga u radovima Oca, Sina i Duha Svetog, tako da ćeš primiti sve što pitaš u molitvama i doći do potpunog spasenja.

*Primjeri Biblije I*

Stvari koje se dogode kada
se vrata drugog neba otvore u prvom nebu.

Prvo nebo je fizički svijet u kojem mi živimo.

Na drugom nebu, prostor svjetla, Eden, i prostor tame postoje zajedno.

Na trećem nebu je kraljevstvo neba gdje ćemo živjeti zauvijek.

Četvrto nebo je prostor izvornog Boga, koje je posebno za Trojednog Boga.

Ta "nebesa" su strogo odvojena, ali svaki prostor je jedan "pored" drugog.

Kada je potrebno, vrata drugog neba se otvaraju u prostoru prvog neba gdje mi sada živimo.

Ponekad, prostor trećeg ili četvrtog neba se također mogu otvoriti.

Mi možemo pronaći mnoge događaje gdje su se stvari drugog neba dogodile u ovom prvom nebu.

Kada se vrata drugog neba otvore i objekti Edenskog vrta dođu u prostor prvog neba, oni koji žive u prvom nebu mogu dodirnuti i vidjeti te objekte.

## Sud vatre na Sodomu i Gomoru

Postanak 19:24 kaže, "Jahve zapljušti s neba na Sodomu i Gomoru sumpornim ognjem." Ovdje, "s neba " znači da je Bog otvorio vrata prostora drugog neba i spustio sumporni oganj i vatru odande. Bilo je isto na planini Karmel kada se Ilija suprotstavio 850 svećenika nevjerničkih bogova spuštajući odgovore vatre. U 1. kraljevima 18:37-38 kaže, "Usliši me, Gospode, usliši me i daj, da upozna ovaj narod, da si ti, Gospode, pravi Bog i da si obratio srca njihova. Tada pade oganj Gospodnji i spali žrtvu paljenicu i drva, kamenje i zemlju i popi vodu u jarku." Vatra drugog neba zapravo može zapaliti objekte prvog neba.

## Zvijezda koja je vodila tri mudraca

Po Mateju 2:9 kaže, "Oni saslušavši kralja, pođoše. I gle, zvijezda kojoj vi dješe izlazak iđaše pred njima sve dok ne stiže i zaustavi se povrh mjesta gdje bijaše dijete." Zvijezda drugog neba se pojavila i onda se nastavila kretati i stajati neko vrijeme. Kada su mudraci stigli na cilj, zvijezda je tamo stala.

Da je ta zvijezda zvijezda prvog neba, imala bi strašan utjecaj na svemir, jer se sve zvijezde prvog neba kreću na svojem putu na točno uredan način. Mi možemo razumjeti da zvijezda koja je vodila tri mudraca nije jedna od onih iz prvog svemira.

Bog je pokrenuo zvijezdu u drugom nebu tako da neće imati nikakav utjecaj na svemir u prvom nebu. Bog je otvorio prostor drugog neba tako da mudraci mogu vidjeti tu zvijezdu.

## Mana dana sinovima Izraela

Izlazak 16:4 kaže, "Tada reče Jahve Mojsiju: 'Učinit ću da vam daždi kruh s neba. Neka narod ide i skuplja svaki dan koliko mu za dan treba. Tako ću ih kušati i vidjeti hoće li se držati moga zakona ili neće.'"
Kao što je On rekao da će On "učiniti ću da van daždi kruh sa neba", Bog je dao manu sinovima Izraela dok su lutali u divljini 40 godina. Mana je bila kao sjeme korijandara, a izgledala je kao bdellium. Imala je okus kao kolač pečen sa uljem. Kao što je objašnjeno, u Bibliji, postoje mnogi zapisi o događajima koji su se dogodili kada su se vrata prostora drugo neba otvorila u prvom nebu.

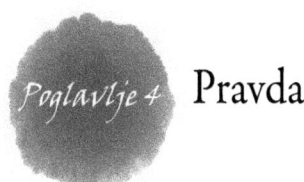

# Poglavlje 4 Pravda

" 
Možemo riješiti bilo kakvu vrstu problema
I dobiti blagoslove i odgovore na molitve
kada ispravno razumijemo pravdu Boga
i djelujemo prema njoj.
"

Božja pravda

Bog bezgrešno drži Svoju pravdu

Djelovati prema pravilima pravde Boga

Dvije strane pravde

Više dimenzije pravde

Vjera i poslušnost - osnovna pravila pravde

*"On će dati, te pravednost tvoja zasja kao svjetlost, pravica tvoja kao podnevna svjetlost."*

(Psalam 37:6)

Postoje problemi koji ne mogu biti razriješeni sa ljudskim metodama. Ali oni mogu otići u trenutku ako ih Bog samo drži u Svojem srcu.

Na primjer, određeni problemi u matematici koje osnovnoškolci teško rješavaju, su ništa za studenta. Na isti način, za Boga ništa nije nemoguće, jer je On Upravitelj svih nebesa.

Da bismo iskusili moć svemogućeg Boga, mi moramo znati putove primanja odgovora od Boga i prakticirati ih. Mi možemo riješiti bilo kakav problem i dobiti odgovore i blagoslove kada ispravno razumijemo pravdu Boga i djelujemo prema njoj.

## Božja pravda

Pravda se odnosi na pravila koja je Bog uspostavio i da se ta pravila ispravno izvršavaju. Jednostavnije rečeno, to je kao pravilo "uzroka i posljedice." Postoje pravila koja čine određene uzroke i donose određene rezultate.

Čak i nevjernici kažu da ćemo požeti što smo posijali. Korejska poslovica kaže, "Požeti ćeš grah gdje si posijao grah, a požeti ćeš crveni grah gdje si posijao crveni grah." Kako postoje takva pravila, pravila pravde su mnogo stroža u istini Boga.

Biblija kaže, "Ištite i dat će vam se! Tražite i naći ćete! Kucajte i otvorit će vam se" (Po Mateju 7:7). "Ne varajte se Bog se ne da ružiti, jer što čovjek posije, ono će i požeti" (Poslanica Galačanima 6:7). "A ovo velim: Tko oskudno sije, oskudno će i žeti; a tko u blagoslovima sije, u blagoslovima će i žeti" (2. poslanica Korinćanima 9:6). To je samo nekoliko primjera pravila pravde.

Isto tako, postoje pravila o posljedicama grijeha. Poslanica Rimljanima 6:23 kaže, "Jer će plača za grijeh biti smrt, ali vječni život sa Isusom Kristom našim Gospodom je besplatan Božji dar." Mudre izreke 16:18 kažu, "Oholost dolazi pred pad, i oholi duh pred propast." Jakovljeva poslanica 1:15 govori, "Tada začevši požuda rađa grijeh, a grijeh izvršen rađa smrt."

Osim tih pravila, također postoje pravila koja nevjernici zapravo ne mogu razumjeti. Na primjer, po Mateju 23:11 piše, "Tko je najveći među vama, neka bude sluga vas". Po Mateju 10:39 kaže, "Tko nađe život svoj, izgubit će ga, a tko izgubi svoj život poradi mene, naći će ga." Djela apostolska 20:35 kasniji dio kažu, "Mnogo je više blagoslovljeno davati, negoli primati". Ne samo da ih ne mogu razumjeti, nevjernici čak misle da su ta pravila pogrešna.

Ali Riječ Boga nikad nije pogrešna i nikad se ne mijenja. Istina o kojoj svijet priča se mijenja sa prolaskom vremena, ali riječ Boga zapisana u Bibliji, prvenstveno pravila pravde, su ispunjena kao što su zapisana.

Prema tome, ako možemo ispravno razumjeti pravdu Boga, mi možemo pronaći uzrok gdje postoji bilo kakav problem i riješiti ga. Slično tomu mi također možemo primiti odgovore na želje naših srca. Biblija objašnjava razloge zašto dobivamo bolesti, zašto patimo od financijskih problema, zašto nema mira u našoj obitelj ili zašto gubimo milost Boga i spotičemo se.

Ako samo razumijemo pravila pravde koja su zapisana u Bibliji, mi možemo primiti blagoslove i odgovore na naše molitve. Bog vjerno drži sva pravila koja je On Sam uspostavio i prema tome, ako mi samo djelujemo prema njima, mi ćemo zasigurno primiti blagoslove i odgovore na probleme.

### Bog bezgrešno drži Svoju pravdu

Bog je Stvoritelj i Upravitelj svih stvari, a ipak On nikad ne krši pravila pravde. On nikad ne kaže, "Ja sam uspostavio ta pravila, ali ih se ne moram držati." On radi u svemu točno prema pravdi, bez i jedne greške.

Da bi nas otkupio od naših grijeha prema pravilima pravde, Sin Boga, Isus, je došao na ovu zemlju i umro na križu.

Neki mogu reći, "Zašto Bog samo ne uništi vraga i spasi sve?" Ali On to nikad neće učiniti. On je uspostavio pravila pravde dok je On smišljao plan ljudske kultivacije na početku i On ih se pridržava. Zbog toga je On podnio tako veliku žrtvu dajući čak i Svog jedinog začetog Sina da bi otvorio put spasenja za nas.

Prema tome, mi ne možemo biti spašeni i ići na Nebo samo ispovijedajući, "Ja vjerujem!" sa našim usnama i ići u crkvu. Mi moramo biti unutar granica spasenja koje je Bog postavio. Da bismo bili spašeni mi moramo vjerovati u Isusa Krista kao našeg osobnog Spasitelja i slušati Riječ Boga živeći prema pravilima pravde.

Osim te stvari spasenja, postoje mnogi dijelovi Biblije koji nam objašnjavaju pravdu Boga, koji ispunjava sve prema zakonu duhovnog svijeta. Ako mi možemo razumjeti tu pravdu, biti će nam jako lako riješiti problem naših grijeha. Također će nam biti lakše primiti blagoslove i odgovore na molitve. Na primjer, što moraš činiti da bi primio želje svojeg srca? Psalam 37:4 govori, "Imaj svoju radost u Gospodu; on će ti ispuniti što ti želi srce!" Da bi se mogao stvarno radovati u Bogu, ti prvo moraš udovoljiti Bogu. I mi možemo pronaći mnoge načine udovoljavanja Boga u mnogim dijelovima Biblije. Prvi dio Poslanice Hebrejima 11:6 kaže, "A bez vjere nemoguće je omiljeti Bogu." Mi možemo udovoljiti Bogu do mjere u kojoj vjerujemo u Riječ Boga, odbacimo grijeh i postanemo posvećeni. Isto tako, mi možemo udovoljiti Bogu sa našim trudom i prinosima kao kralj Solomon koji je prinio tisuću žrtava. Također možemo volontirati za Božje kraljevstvo. Postoje mnogi drugi načini.

Prema tome, mi bismo trebali razumjeti da je čitanje Biblije i slušanje propovijedi jedan od načina učenja zakona pravde. Ako samo slijedimo ta pravila i udovoljimo Bogu, mi možemo primiti sve želje naših srca i dati slavu Bogu.

### Djelovati prema pravilima pravde Boga

Od kad sam prihvatio Gospoda i shvatio pravdu Boga, imao sam veliko zadovoljstvo voditi život u vjeri. Kako sam djelovao prema pravilima pravde, ja sam primio ljubav Boga i financijske blagoslove.

Isto tako, Bog kaže da će nas On zaštiti od bolesti i katastrofa ako živimo u Riječi Boga. I kako sam ja i članovi moje obitelji živjeli samo u vjeri, svi članovi moje obitelji su bili tako zdravi da nikad nismo bili u nijednoj bolnici niti smo uzimali ikakve lijekove od kad sam prihvatio Gospoda.

Jer ja vjerujem da nam pravda Boga dopušta požeti što smo posijali, ja sam uživao davati Bogu čak i ako sam živio siromašnim životom. Neki ljudi kažu, "Ja sam tako siromašan da nemam što dati Bogu." Ali ja sam davao još marljivije jer sam bio siromašan. 2. poslanica Korinćanima 9:7 kaže, "Svaki, kako je odlučio u srcu, a ne sa žalošću ili od nevolje, jer Bog ljubi vesela darovatelja." Kao što je rečeno, ja nikad nisam došao pred Boga praznih ruku.

Uvijek sam se radovao davati Bogu sa zahvalnosti iako sam imao malo, a uskoro sam primio financijske blagoslove. Mogao sam davati sa radosti jer sam znao da će mi Bog nabijeno, natreseno i preobilno i čak 30, 60 ili 100 puta više nego sam ja dao za Božje kraljevstvo sa vjerom.

Kao rezultat, ja sam otplatio veliki dio duga koji sam sakupio dok sam bio bolestan sedam godina i do sada, ja sam tako blagoslovljen da mi ništa ne manjka.

Isto tako, jer sam ja znao zakon pravde da Bog daje svoju moć onima koji su oslobođeni od zla i posvećeni su, ja sam nastavio odbacivati zlo od sebe kroz vatrenu molitvu i post, u konačnici sam primio Božju moć.

Današnja veličanstvena moć Boga je prikazana jer sam ja

ostvario dimenzije ljubavi i pravde koju je Bog zahtijevao od mene dok sam prolazio kroz mnoge poteškoće i iskušenja sa strpljenjem. Bog mi nije samo dao Svoju moć bezuvjetno. On mi je dao točno slijedeći pravila pravde. Zbog toga neprijatelj vrag i Sotona se tomu ne mogu protiviti.

Osim toga, ja sam vjerovao i propovijedao sve riječi Biblije i također sam iskusio sve veličanstvene radove i blagoslove koji su zapisani u Bibliji.

I takvi se radovi ne događaju samo za mene. Ako netko razumije pravila pravde Boga koja su zapisana u Bibliji i djeluje prema njima, on može primiti istu vrstu blagoslova koju sam ja primio.

## Dvije strane pravde

Obično ljudi misle da je pravda nešto strašno što prati kazna. Naravno, prema pravdi strašna kazna će pratiti grijehe i zlo, ali obratno, to može biti ključ za blagoslove.

Pravda je kao dvije strane novčića. Za one koji žive u tami, to je nešto strašno, ali za one koji žive u Svijetlu, to je nešto jako dobro. Ako pljačkaš drži kuhinjski nož to može biti oružje ali kada ga drži majka, to je alat za pripremu hrane koji joj pomaže skuhati predivna jela za obitelj.

Prema tome, ovisno o tome koja osoba primjenjuje pravdu Boga, to može biti jako strašno ili može biti nešto jako radosno. Ako razumijemo dvije strane pravde, mi također možemo razumjeti da je pravda ispunjena sa ljubavi i da je ljubav Boga također popraćena sa pravdom. Ljubav bez pravde nije prava ljubav i također pravda bez ljubavi ne može biti prava pravda.

Na primjer, što ako kazniš svoju djecu svaki puta kad učine nešto pogrešno? Ili, što ako samo ostaviš svoju djecu nekažnjenu svo vrijeme? U bilo kojem slučaju, ti ćeš uzrokovati da tvoja djeca zastrane.

Prema pravdi, ponekad trebaš oštro kazniti svoju djecu zbog njihovih pogrešaka, ali im ne možeš samo pokazati "pravdu" svo vrijeme. Ponekad im trebaš dati još jednu šansu i ako se okrenu od svojih putova, ti im moraš pokazati oprost i milost sa svojom ljubavi. Ali ponovno, ne možeš im pokazati milost i ljubav svo vrijeme. Moraš voditi svoju djecu pravim putem iako je kazna potrebna.

Bog nam govori o bezgraničnom oprostu po Mateju 18:22 koji kaže, "Ne kažem ti do sedam puta, nego do sedamdeset puta sedam."

Međutim, u isto vrijeme, Bog kaže da je prava ljubav ponekad popraćena sa kaznama. Poslanica Hebrejima 12:6 kaže, "Jer koga ljubi Gospodin, onoga pokara, a bije svakoga sina, kojega prima." Ako razumijemo tu vezu između ljubavi i pravde, mi ćemo također razumjeti da je pravda napravljena savršeno unutar ljubavi i dok mi nastavljamo razmišljati o pravdi, mi ćemo razumjeti da je u pravdi sadržana duboka ljubav.

### Više dimenzije pravde

Pravda također ima različite dimenzije u različitim nebesima.

Prvenstveno, kako se penjemo u nivoima neba, od prvog neba do drugog, trećeg i četvrtog neba, dimenzije pravde također postaju šire i dublje. Različita neba drže svoj red prema pravdi svakog neba.

Razlog zašto postoje razlike u dimenzijama pravde u svakom nebu je zbog toga što dimenzije ljubavi u svakom nebu različite. Ljubav i pravda se ne mogu odvojiti. Što dublja dimenzija ljubavi postaje, također postaje i dublja dimenzija pravde.

Ako čitamo Bibliju, može se činiti da su pravda u Starom zavjetu i Novom zavjetu različite jedan od druge. Na primjer, Stari zavjet kaže, "Oko za oko," što je princip odmazde, ali u Novom zavjetu kaže, "Voli svojeg neprijatelja." Princip odmazde je promijenjen u princip oprosta i ljubavi. Onda, znači li to da se volja Boga promijenila?

Ne, to nije slučaj. Bog je duh i vječno ne mijenjajući, pa je srce i volja Boga sadržana i u Starom i u Novom zavjetu ista. To samo ovisi o mjeri u kojoj su ljudi ostvarili ljubav, ista pravda će se primjenjivati sa različitim mjerama. Dok Isus nije došao na ovu zemlju i ispunio Zakon sa ljubavi, nivo ljubavi koji su ljudi mogli razumjeti je bio jako nizak.

Da im je rečeno da vole čak i svoje neprijatelje, što je jako visok nivo pravde, oni to ne bi mogli prihvatiti. Iz tog razloga, u Starom zavjetu, manji nivo pravila pravde, koji je "oko za oko", se primjenjivo kao uspostavljeno pravilo.

Međutim, nakon što je Isus uspostavio Zakon sa ljubavi dolazeći na ovu zemlji i dajući Svoj život za nas grešnike, nivo pravde koju Bog zahtjeva od nas ljudi se podigao.

Iz Isusovog primjera, mi smo već vidjeli nivo ljubavi koji ide iz nižeg nivoa do čak nivoa ljubavi za svoje neprijatelje. Prema tome princip odmazde koji kaže "oko za oko" se više ne primjenjuje. Sada, Bog zahtjeva od nas dimenzije pravde u kojima se primjenjuju pravila oprosta i milosti. Naravno, ono što je Bog stvarno htio, čak i u eri starog zavjeta, je bio oprost i milost, ali ljudi tog vremena to stvarno nisu mogli shvatiti.

Kao što je objašnjeno, baš kao što postoji razlika u dimenzijama ljubavi i pravde u Starom i Novom zavjetu, dimenzije pravde su različite ovisno o dimenzijama ljubavi u svakom nebu.

Na primjer, videći ženu koja je uhvaćena u djelu preljuba, ljudi koji su djelovali prema nižem nivou pravde prvog neba su rekli da ju odmah treba kamenovati. Ali Isus, koji je imao veći nivo pravde koji je pravda četvrtog neba, joj je rekao, "Ni ja te ne osuđujem. Idi. I od sada više ne griješi!" (Po Ivanu 8:11).

Prema tome, pravda je u našim srcima i svaka osoba osjeća različitu dimenziju pravde ovisno o mjeri u kojoj imaju ispunjeno svoje srce sa ljubavi i kultiviraju svoje srce sa duhom. Ponekad, oni koji imaju manju dimenziju pravde ne mogu razumjeti pravdu onih koji posjeduju veću dimenziju pravde.

To je zbog toga što ljudi tijela nikad ne mogu potpuno shvatiti što Bog radi. Samo oni koji su kultivirali svoje srce sa ljubavi i duhovnim umom mogu precizno shvatiti pravdu Boga i primijeniti ju.

Ali primjenjivati veći nivo pravde ne znači da će prevladati ili prekršiti pravdu koja je na manjoj dimenziji. Isus je posjedovao pravdu četvrtog neba, ali On nikad nije ignorirao pravdu ove zemlje. Drugim riječima, On je pokazivao pravdu trećeg neba ili više na ovoj zemlji unutar granica pravila pravde na ovoj zemlji.

Isto tako, mi ne možemo prekršiti pravdu koja se primjenjuje u prvom nebu dok živimo na ovom prvom nebu. Naravno, kako se dimenzija naše ljubavi produbljuje, širina i dubina pravde se također povećava, ali osnovi okvir je isti. I stoga mi moramo ispravno razumjeti pravila pravde.

### Vjera i poslušnost- osnovna pravila pravde

Pa, što su osnovi okviri i pravila pravde koje moramo shvatiti i slijediti da bismo primili odgovore na naše molitve? Postoje mnoge stvari uključujući, na primjer, dobrotu i poniznost. Ali, dva najosnovnija principa su vjera i poslušnosti. Pravilo je pravde da mi primimo odgovore kada vjerujemo u Riječ Boga i slušamo ju.

Centurion po Mateju poglavlje 8 je imao bolesnog slugu. On je bio centurion vladajućeg Rimskog carstva, ali on je bio dovoljno ponizan da bi došao pred Isusa. Isto tako, on je imao dobro srce da bi došao pred Isusa osobno za svojeg bolesnog slugu.

Iznad svega, razlog zašto je on mogao primiti odgovore je zbog toga što je imao vjeru. Dok nije odlučio doći pred Isusa, on je sigurno čuo mnoge stvari o Isusu od ljudi oko njega. Morao je čuti vijesti i tome kako su slijepi progledali, nijemi počeli pričati i kako su mnogi bolesni ljudi ozdravili.

Kada je čuo takve vijesti centurion je vjerovao Isusu i dobio je vjeru tako da je on također mogao primiti svoje želje za svojeg slugu ako ode pred Njega.

Kada je zapravo sreo Isusa, on je ispovjedio svoju vjeru govoreći, "Gospodine, nijesam dostojan, da uđeš pod krov moj; nego samo reci riječ, i ozdravit će sluga moj" (Po Mateju 8:8). On je mogao reći to što je rekao jer je on potpuno vjerovao Isusu nakon što je čuo vijesti o njemu.

Da bismo mi posjedovali takvu vjeru, mi se prvo moramo pokajati jer nismo slušali Riječ Boga. Ako smo mi razočarali Boga na bilo koji način, ako nismo održali obećanje koje je načinjeno pred Bogom, ako nismo držali Gospodov dan svetim ili ako nismo dali ispravnu desetinu, onda se mi moramo pokajati od svih tih stvari.

Isto tako, mi se moramo pokajati jer volimo ovaj svijet, nemamo mir sa ljudima, jer imamo i djelujemo sa svim vrstama zla kao što su temperamentnost, iritantnost, frustracije, teški osjećaji, zavist, ljubomora, svađanje i laganje. Kada srušimo te zidove grijeha i primimo molitvu moćnog sluge Boga, mi možemo primiti vjeru koja prima odgovore i mi zapravo možemo primiti odgovore kao što smo vjerovali da možemo, prema pravilima pravde.

U dodatku na te stvari, postoje mnoge druge stvari koje moramo slušati i slijediti da bismo primili odgovore, kao što su posjećivanje brojnih službi, bez prestanka se moliti i davati Bogu. I da bismo mogli potpuno slušati, mi se prvo moramo potpuno negirati.

Prvenstveno, mi moramo odbaciti naš ponos, aroganciju, samo pravednost i samo zalaganje, sve naše misli i teorije, hvalisav ponos života i želju za pouzdanjem na svijet. Kada se potpuno ponizimo i negiramo se na taj način, mi možemo primiti odgovore prema zakonu pravde koji su zapisani po Luki 17:33 koji kaže, "Tko god bude nastojao život svoj sačuvati, izgubit će ga; a tko ga izgubi, živa će ga sačuvati."

Razumjeti pravdu Boga i slušati ju znači prihvatiti Boga. Jer mi prihvaćamo Boga, mi možemo slijediti pravila koja je On uspostavio. I vjera je prihvatiti Boga na taj način, a prava vjera je uvijek popraćena sa djelima poslušnosti.

Ako shvatiš bilo koji grijeh dok se pregledavaš sa Riječi Boga, ti se moraš pokajati i okrenuti sa tih putova. Ja se nadam da ćeš potpuno vjerovati Bogu i pouzdati se u Njega. Čineći to, ja se nadam da ćeš shvatiti pravila pravde Boga jedno po jedno i prakticirati ih tako da ćeš primiti odgovore i blagoslove od Boga koji nam dopušta požeti što smo posijali i plaća nam prema našim djelima.

Princeza Jane Mpologoma (London, Ujedinjeno Kraljevstvo)

# Preko pola svijeta

Živim u Birminghamu. To je jako lijepo mjesto. Ja sam kći prvog predsjednika kraljevstva Buganda i ja sam udana za nježnog, dragog čovjeka u Ujedinjenom kraljevstvu i imam tri kćeri.
Mnogi ljudi bi željeli živjeti ovaj imućan život, ali ja nisam bila jako sretna. Uvijek sam imala žeđ u duši koji nisam mogla utažiti. Dugo vremena sam imala kronični gastrointestinalni poremećaj koji mi je uzrokovao mnogo boli. Nisam mogla dobro jesti niti spavati.
Također sam patila od brojnih vrsta bolesti uključujući visok kolesterol, srčane bolesti i nizak tlak. Doktor me upozorio da bih mogla dobiti srčani ili moždani udar.
Ali u kolovozu 2005. ja sam došla do prekretnice u životu. Nekom prilikom susrela sam jednog od pomoćnika pastora Manmin Centralne Crkve koji je posjećivao London. Primila sam knjige i audio propovijedi od njega i oni su me naučili nešto duboko. Oni su bili bazirani na Bibliji, ali ja nisam mogla čuti tako duboku i

Sa njenim suprugom Davidom

inspirirajući poruku nigdje drugdje. Žeđ moje duše je utažena i moje duhovne oči su se otvorene na shvaćanje Riječi.

U konačnici sam posjetila Južnu Koreju. U trenutku u kojem sam ušla u Manmin Centralnu Crkvu moje cijelo tijelo je bilo umotano sa mirom. Primila sam molitvu od velečasnog Jaerock Lee-a. Bilo je to tek nakon što sam se vratila u UK da sam shvatila ljubav Boga. Rezultat endoskopije koji je napravljen 21. kolovoza je bio normalan. Razina kolesterola je bila normalna i krvi tlak je također bio normalan. To je bila moć molitve!

To iskustvo mi je dopustilo imati veću vjeru. Imala sam srčane probleme i pisala sam velečasnom Jaerock Lee-u da se moli za mene. On se molio za mene tijekom cijelo noćne službe petkom u Manmin Centralnoj Crkvi 11. studenog. Primila sam njegovu molitvu internetom preko pola svijeta.

On se molio, "Zapovijedam ti u ime Isusa Krista, srčani problemi, odlazite. Bože Oče, ozdravi ju!"

Osjetila sam snažan rad Duha Svetog u trenutku u kojem sam primila molitvu. Pala bih zbog snažne moći da me suprug nije držao, Došla sam sebi nakon 30ak sekundi.

Bila sam na angiografiji 16. studenog. Moj doktor je to preporučio jer sam imala probleme u jednoj od arterija srca. To se radi sa malom kamerom koja je pričvršćena na malu cijev. Rezultat je bio stvarno veličanstven.

Doktor je rekao, "nikad nisam vidio tako zdravo srce u ovoj sobi u nekoliko godina."
Oduševljenje je prošlo kroz moje cijelo tijelo, jer sam osjetila Božje ruke kada sam čula doktorove riječi. Od tada sam odlučila voditi drugačiji život. Željela sam se približiti tinejdžerima, zapostavljenima i svakome tko je trebao evanđelje.
I Bog je ostvario moj san. Ja i moj suprug smo pokrenuli London Manmin Crkvu kao misionari i mi smo propovijedali živog Boga.

*Izvod iz Izvanredne stvari.*

# Poglavlje 5 Poslušnost

> Slušati Riječ Boga sa "Da" i "Amen" je prečac do iskustva radova Boga.

Potpuna Isusova poslušnost

Isus je slušao pravdu prvog neba

Ljudi koji su iskusili radove Boga kroz poslušnost

Poslušnost je dokaz vjere

Manmin Centralna Crkva preuzima vodstvo u svjetskom evangelizmu u poslušnosti

*"Obličjem čovjeku nalik, ponizi sam sebe, poslušan do smrti, smrti na križu."*

(Poslanica Filipljanima 2:8)

Biblija pokazuje mnoga djela gdje je Svemogući Bog ostvario apsolutno nemoguće stvari. To su bile tako veličanstvene stvari kao kad su sunce i mjesec stajali i kada se more razdvojilo da bi ljudi prešli preko suhog tla. Takve stvari se ne mogu dogoditi prema pravdi prvog neba, ali to je moguće prema pravdi trećeg neba ili iznad.

Da bismo mi iskusili takve radove Boga mi moramo ostvariti neke preduvjete. Postoji nekoliko uvjeta koje moramo ostvariti i među njima, poslušnost je najvažnija. Slušati Riječ Svemogućeg Boga sa "Da" i "Amen" je prečac do iskustva radova Boga.

1. Samuelova 15:22 kaže, "Zar su ugodnije Gospodu žrtve paljenice i zaklanice od poslušnosti prema zapovijedima Gospodnjim? Eto, poslušnost je bolja od žrtve, pokornost bolja od pretiline ovnujske."

## Potpuna Isusova poslušnost

Isus je slušao volju Boga dok nije bio razapet da bi spasio čovječanstvo koje je bilo grešno. Možemo biti spašeni sa vjerom kroz takvu poslušnost Isusa. Da bismo shvatili kako možemo biti spašeni sa našom vjerom u Isusu, mi prvo moramo shvatiti kako je čovječanstvo uopće došlo na put smrti.

Prije nego je on postao grešnik, Adam je mogao uživati u vječnom životu u Edenskom vrtu. Ali pošto je zgriješio jedući sa stabla za koje je Bog rekao da je zabranjeno, prema zakonu duhovnog zakona koji kaže, "plaća za grijeh je smrt" (Poslanica Rimljanima 6:23), on je morao umrijeti i pasti u Pakao.

Ali znajući da Adam neće slušati, čak i prije doba, Bog je pripremio Isusa Krista. To je zbog toga da bi otvorio put spasenja unutar pravde Boga. Isus, koji je Riječ koja je postala tijelo, je rođen na ovu zemlju u ljudskom tijelu.

Jer je Bog dao proročanstva o Spasitelju, Mesiji, neprijatelj vrag i Sotona su također znali o Spasitelju. Vrag je uvijek tražio šansu ubiti Spasitelja. Kada su tri mudraca rekla da je Isus rođen, vrag je potaknuo kralja Heroda da ubije sve muške bebe ispod dvije godine. Isto tako, vrag je poticao opake ljude da razapnu Isusa. Vrag je mislio da ako ubije Isusa, koji je došao postati Spasitelj, onda će on moći voditi sve grešnike u Pakao i zauvijek ih imati sve pod svojom kontrolom.

Pošto Isus nije imao ni izvorni grijeh niti samopočinjeni grijeh On nije osuđen na smrt prema zakonu pravde koji kaže da su plaće za grijeh smrt. Usprkos tomu, vrag je, zapravo, vodio ubojstvo Isusa i prema tome prekršio zakon pravde.

Kao rezultat, bezgrešni Isus je prevladao smrt i uskrsnuo. I sada, svatko tko vjeruje u Isusa Krista može se spasiti i dobiti vječan život.

Na početku, prema zakonu pravde koji kaže da su plaće za grijehe smrti, Adam i njegovu potomci su osuđen na put smrti, ali kasnije, put spasenja je otvoren kroz Isusa Krista. To je "tajna skrivena prije doba" u 1. poslanici Korinćanima 2:7.

Isus nikad nije mislio, "Zašto bih trebao biti ubijen zbog grešnika iako ja nemam grijeha?" On je dragovoljno preuzeo križ da bude razapet prema providnosti Boga. Kroz tu temeljitu i potpunu poslušnost Isusa otvorio se put za naše spasenje.

## Isus je slušao pravdu prvog neba

Tijekom Svojeg cijelog života na ovoj zemlji, Isus je temeljito slušao volju Boga i živio je prema zakonu pravde prvog neba. Iako je On bio Bog u samoj prirodi, On je uzeo ljudsko tijelo i On je iskusio glad, umor, bol, tugu i samoću kao svaki drugi čovjek. Prije nego je počeo Svoje javno svećeništvo On je postio 40 dana. I iako je On bio gospodar svih stvari, On je vatreno zavapio u molitvi i stalno se molio. Njega je vrag iskušavao tri puta pred kraj 40 dnevnog posta i On je otjerao vraga sa Riječi Boga, bez da je pao u iskušenje ili uopće pokrenut.

Isto tako, Isus ima moć Boga, pa je On mogao prikazati bilo kakvu vrstu čuda i veličanstvenih stvari. A ipak, On je pokazao takva čuda samo kada je bilo potrebno prema providnosti Boga. On je pokazao moć Sina Božjeg sa takvim događajima kao što su pretvaranje vode u vino i hranjenje 5000 ljudi sa pet kruhova i dvije ribice.

Da je On želio, On je mogao uništiti one koji su Mu se rugali i razapeli Ga. Ali, On je tiho primao progone, prezir i u poslušnosti, On je razapet. On je osjetio sve patnje i boli čovjeka i On je prolio svu Svoju krv i vodu.

Poslanica Hebrejima 5:8-9 kaže, "Premda je Sin, iz onoga što prepati, naviknu slušati i, postigavši savršenstvo, posta svima koji ga slušaju začetnik vječnoga spasenja."

Jer je Isus ispunio zakon pravde kroz Svoju potpunu poslušnost, svatko tko prihvati Gospoda Isusa i živi u istini može postati sluga pravednosti i dobiti spasenje bez da ide putem smrti kao sluga grijeha (Poslanica Rimljanima 6:16).

## Ljudi koji su iskusili radove Boga kroz poslušnost

Iako je On Sin Boga, Isus je ispunio providnost Boga jer je On potpuno slušao. Onda, koliko bismo mi više trebali, jadna bića, potpuno slušati da bismo iskusili radove Boga? Potpuna poslušnost je potrebna.

Po Ivanu poglavlje 2, Isus prikazuje čudo pretvaranja vode u vino. Kada im je nestalo vina na gozbi, Djevica Marija je posebno naredila slugama da učine sve što im Isus kaže da naprave. Isus je rekao slugama da "napune posude vodom i onda zagrabe vodu i odnesu ravnatelju stola". Kada je ravnatelj stola okusio vodu, voda se već pretvorila u dobro vino.

Da sluge nisu poslušale Isusa koji im je rekao da odnesu vodu ravnatelju stola, oni ne bi mogli iskusiti čudo vina. Znajući zakon poslušnosti i pravde jako dobro, Djevica Marija je zahtijevala da Ga sluge potpuno slušaju.

Mi također možemo razmatrati Petrovu poslušnost. Petar nije upecao niti jednu ribu cijelu noć. Ali kada mu je Isus zapovjedio, "Izvezi na pučinu i bacite mreže za lov," Petar je poslušao govoreći, "Učitelju, svu smo se noć trudili i ništa ne ulovismo, ali na tvoju riječ bacit ću mreže." Onda, oni su uhvatili veliku količinu ribe, te su im mreže počele pucati (Po Luki 5:4-6).

Jer je Isus, koji je bio jedno sa Bogom Stvoriteljem, govorio sa izvornim glasom, velika količina riba je odmah poslušala Njegovu zapovijed i otišla u mrežu. Ali, da Petar nije poslušao Isusovu zapovijed, što bi se dogodilo? Ako je rekao, "Gospodine, znam o pecanju ribe više od tebe. Pokušali smo uhvatiti ribu cijeli noć i sada smo jako umorni. Gotovi smo za danas. Zasigurno će biti teško spuštati u dubine i puštati da mreža padne" onda, čudo se ne bi dogodilo.

Udovica u Safratu u 1. Kraljevima poglavlje 17 je također iskusila rad Boga kroz svoju poslušnost. Nakon duge suše njena hrana je nestajala i ostalo joj je samo malo brašna i malo ulja. Jedan dan Ilija joj je došao i pitao ju za hranu, govoreći, "Jer ovako veli Gospod, Bog Izraelov: 'Brašna u ćupu neće nestati i krčag s uljem neće se isprazniti do onoga dana, kad Gospod opet pošlje dažd na zemlju.'" (1. Kraljevima 17:14).

Udovica i njen sin bi zasigurno morali čekati dan kada će umrijeti nakon što pojedu svoj zadnji dio hrane. Međutim, ona je vjerovala i slušala Riječ Boga koju joj je Ilija dostavio. Ona je dala svu svoju hranu Iliji. Sada, Bog je prikazao čudo zbog poslušnosti žene kao što je On obećao. Posuda sa brašnom se nije ispraznila niti je ulje iz posude prestalo teći dok strašna suša nije prestala. Udovica, njen sin i Ilija su spašeni.

## Poslušnost je dokaz vjere

Po Marku 9:23 kaže, "Nato mu Isus reče: 'Što? Ako možeš? Sve je moguće onome, koji vjeruje."

To je zakon pravde koji govori da ako vjerujemo, onda mi

možemo iskusiti radove svemogućeg Boga. Ako se molimo sa vjerom, onda će nas bolesti napustiti i ako zapovijedamo sa vjerom, onda će demoni otići i sve vrste poteškoća i iskušenja će otići. Ako se molimo sa vjerom, mi možemo primiti financijske blagoslove. Sve stvari su moguće sa vjerom! To je djelo poslušnosti koje svjedoči da mi imamo vjeru primiti odgovore prema zakonu pravde. Jakovljeva poslanica 2:22 kaže, "Vidiš: vjera je surađivala s djelima njegovim i djelima se vjera usavršila." Jakovljeva poslanica 2:26 nam govori, "Jer kao što je tijelo bez duha mrtvo, tako je i vjera bez djela mrtva."

Ilija je pitao udovicu iz Safrate da mu donese zadnju hranu za njega. Da je ona rekla, "Vjerujem da si čovjek Boga i ja vjerujem da će me Bog blagosloviti tako da moja hrana nikad neće nestati" ali da nije poslušala, onda ona ne bi iskusila bilo kakav rad Boga. To je zbog toga što njena djela ne bi pokazala dokaze njene vjere.

Ali udovica je vjerovala Ilijinim riječima. Kao dokaz njene vjere, ona mu je donijela svoju zadnju hranu, slušajući njegove riječi. To djelo poslušnosti svjedoči njenoj vjeri i čudo koje se dogodilo prema zakonu vjere, što znači da su sve stvari moguće za one koji vjeruju.

Da bismo ostvarili vizije i snove koje Bog daje, naša vjera i poslušnost su jako važni. Patrijarsi kao što su Abraham, Jakov i Josip su postavili Riječ Boga u svoje umove i slušali su.

Kada je Josip bio mlad, Bog mu je dao san da će postati častan čovjek. Josip nije samo vjerovao snu nego se također toga stalno prisjećao i on nije promijenio svoj um dok nije ostvario svoj san. On je gledao na radove Boga u svim okolnostima i slijedio je Božje vodstvo. Bio je rob i zarobljenik 13 godina, on nije sumnjao u san koji mu je Bog dao, iako se stvarnost činila potpuno suprotno od njegovih snova. On je samo hodao pravim putem slušajući zapovijedi Boga. Bog je vidio njegovu vjeru i ispunio njegov san. Sva iskušenja su završila i u dobi od 30 on je postao drugi najmoćniji čovjek u cijelom Egiptu iza faraona.

## Manmin Centralna Crkva preuzima vodstvo u svjetskom evangelizmu u poslušnosti

Danas Manmin Centralna Crkva ima više od deset tisuća podružnica/ asocijativnih crkvi oko svijeta i propovijeda evanđelje u svakom kutu svijeta preko internetskog servisa, satelitskog TV-a i drugih medija. Crkva je pokazala djela poslušnosti prema zakonu pravde od početka svih tih svećeništva do danas.

Od trenutka u kojem sam sreo Boga, sve moje bolesti su izliječene i moj san je postao da postanem ispravan starješina u vidu Boga koji će slaviti Boga i pomagati mnogim siromašnim ljudima. Ali jedan dan Bog me je pozvao kao Svojeg slugu govoreći, "Izabrao sam te kao Svojeg slugu prije doba." I On je rekao da ako se oklopim sa Riječi Boga tri godine, ja ću preći oceane, rijeke, planine i prikazivati veličanstvena znamenja gdje god idem.

Zapravo, ja sam bio relativno nov vjernik. Bio sam povučen i slabo sam govorio pred publikom. Međutim, ja sam poslušao bez izlike i postao sam sluga Boga. Činio sam najbolje što sam mogao da bih hodao prema Riječi Boga u 66 knjiga Biblije i ja sam se molio sa postom u vodstvu Duha Svetog. Slušamo točno onako kako je Bog zapovjedio.

Kada sam imao jako velike prekomorske pohode, nisam ih planirao niti se pripremao za njih, nego sam samo slušao zapovijed Boga. Išao sam samo tamo gdje mi je On zapovjedio da idem. Za jako veliki pohod, obično bi trebalo godine pripreme, ali ako Bog zapovijedi, mi se pripremimo za njih u samo nekoliko mjeseci.

Iako nismo imali dovoljno novca da bismo održali jako veliki pohod, ako smo se molili, onda bi Bog ispunio naše financije svaki put. Ponekad mi je Bog zapovjedio da odem propovijedati evanđelje u one zemlje u kojima to zapravo nije moguće.

U 2002. dok smo se pripremali za pohod u Chennai, Indija, Tamil Nadu vlast je objavila novi odredbu koja zabranjuje prisilno preobraćenje. Odredba je govorila da nijedna osoba ne bi smjela preobraćivati ili pokušati preobraćivati bilo koju osobu iz jedne religije u drugu korištenjem sile, mamljenjem ili varanjem. Preobraćivanje bi moglo značiti zatvor do pet godina i kaznu, ako je preobraćeni "maloljetnik, žena ili osoba koja pripada Scheduled kasti ili Scheduled plemenu." Kazna Rs.1 lakh je 100000 rupija što je oko dvije tisuće dnevnica.

Naš pohod na Mariana plaži nije bio namijenjen samo indijskim kršćanima nego i mnogim hindusima, koji čine više od 80% cijele populacije.

Odredba o zabrani nasilnog preobraćenja je trebala stupiti na snagu na početku prvog dana našeg pohoda. Pa, trebao sam se pripremiti za zatvor kada sam propovijedao evanđelje na pozornici pohoda. Neki ljudi su mi rekli da će Tamil Nadu policija doći i gledati naš pohod da bi snimili moje propovijedi.

To je bila prijeteća situacija, indijski svećenici i organizatorski odbor su se osjećali pod pritiskom. Ali ohrabrio sam se i poslušao Boga jer mi je Bog zapovjedio. Nisam se bojao biti uhićen i bačen u zatvor i hrabro sam nagoviještao Boga Stvoritelja i Spasitelja Isusa Krista.

Onda, Bog je proveo veličanstvene stvari. Dok sam propovijedao, ja sam govorio, "Ako ste došli imati vjeru u svojim srcima, ustanite i hodajte." U tom trenutku, dečko se počeo ustajati i hodati. Dečko, prije nego je došao na pohod, imao je prerezanu zdjelicu i kuk tijekom operacije i dva dijela su bila povezana sa metalnom pločom. On je patio od ozbiljnih bolova nakon operacije i nije mogao zakoračiti bez štaka. Ali kada sam ja zapovjedio, "Ustani i hodaj," on je odmah odbacio štake i počeo hodati.

Taj dan, u dodatku na to čudo tinejdžera, puno veličanstvenih radova Boga se dogodilo. Slijepi su progledali, gluhi su počeli čuti a nijemi pričati. Oni su ustali iz svojih kolica i odbacili svoje štake. Vijesti su se brzo proširile do grada i mnogi ljudi su se okupili slijedeći dan.

Ukupno tri milijuna ljudi je posjetilo sastanke i iznenađujuće, više od 60% tih ljudi u publici su bili hindusi. Oni su imali obilježja hindusa na svojim čelima. Nakon što su poslušali poruku i posvjedočili Božjim veličanstvenim radovima, oni su skinuli svoja obilježja i odlučili se preobratiti u kršćanstvo.

Pohod je donio jedinstvo lokalnih kršćana i u konačnici odredba protiv prisilnoga preobraćenja je ukinuta. Tako veličanstven rad se mogao dogoditi kroz poslušnosti prema Riječi Boga. Sada, da bismo iskusili tako veličanstven rad Boga, što posebno mi moramo slušati?

Prvo, mi moramo slušati 66 knjiga Biblije.

Ne bismo trebali slušati Riječ Boga samo kada se Sam Bog pojavi pred nama i kaže nam nešto. Mi moramo slušati riječi koje su zapisane u 66 knjiga Biblije svo vrijeme. Trebali bismo razumjeti volju Boga i slušati kroz Bibliju i tada mi možemo slušati poruke koje su propovijedane u crkvi. Prvenstveno, riječi koje nam govore da činimo, ne činimo, držimo ili odbacimo određene stvari su pravila pravde Boga i stoga mi bismo ih trebali slušati.

Na primjer, ti čuješ da se moraš pokajati od svojih grijeha sa suzama i curećim nosom. To je zakon koji kaže da mi možemo primiti odgovore od Boga samo kada mi uništimo zid grijeha koji stoji između Boga i nas (Izaija 59:1-2). Isto tako, ti čuješ da moraš zavapiti u molitvi. To je metoda molitve koja donosi odgovore prema zakonu koji diktira da mi jedemo plodove našeg truda i muke (Po Luki 22:44).

Da bismo susreli Boga i primili Njegove odgovore, mi se prvo moramo pokajati od naših grijeha i zavapiti u našoj molitvi pitajući Boga za to što trebamo. Ako netko uništi svoj zid grijeha, moli se sa svom svojom snagom i pokazuje svoja djela vjere, on može susreti Boga i primiti odgovore. To je zakon pravde.

Drugo, mi moramo vjerovati i slušati riječi sluga Božjih sa

kojima je Bog.

Točno prije otvaranja crkve, pacijent sa rakom je donesen na nosiljci u crkvu da bi prisustvovao službi. Rekao sam mu da sjedne i prisustvuje službi. Njegova žena ga je podupirala s leđa i on je jedva mogao sjediti tijekom službe. Zar nisam znao da će mu biti teško sjediti jer je jako bolestan i donesen je na nosiljci? Ali ja sam mu dao savjet kroz inspiraciju Duha Svetog i on je poslušao. Videći njegovu poslušnost, Bog mu je odmah dopustio božanstveno ozdravljenje. Prvenstveno, svi njegovi bolovi su nestali i on je sam mogao stajati.

Baš kao što je udovica iz Safrate poslušala riječ Ilije jer je vjerovala čovjeku Boga, čovjekova poslušnost je postala put do Božjih odgovora za njega. On nije mogao ozdraviti samo sa svojom vjerom. Ali on je iskusio moć Božjeg ozdravljenja jer je on poslušao riječ Božjeg čovjeka koji je prikazivao Božju moć.

Treće, moramo slušati radove Duha Svetog.

Slijedeće, da bismo primili odgovore od Boga, mi bismo trebali odmah slijediti glas Duha Svetog koji nam je dan dok se molimo i slušamo propovijed. To je zbog toga što Duh Sveti boravi u nama i vodi nas putem blagoslova i odgovora prema zakonu pravde.

Na primjer, tijekom propovijedi, ako te Duh Sveti potiče da se moliš više nakon službe, ti možemo samo poslušati. Ako poslušaš, ti ćeš se moći pokajati od svojih grijeha koji ti nisu bili oprošteni dugo vremena ili primiti dar jezika u milosti Boga. Ponekad, neki blagoslovi dođu tijekom tvojih molitvi.

Kada sam ja bio novi vjernik, morao sam teško raditi na gradilištu da bih zaradio dovoljno za život. Hodao sam kući sa tako umornim tijelom samo da bih uštedio na autobusnoj karti. Ali ako je Duh Sveti pokrenuo moje srce da prinesem određenu količinu za crkvenu izgradnju ili prinos zahvalnosti, ja sam poslušao. Davao sam bez korištenja vlastitih misli. Ako nisam imao novca, zavjetovao sam se dati Bogu do određenog datuma. I zaradio sam novac sa svim svojim naporom do određenog datuma i dao sam Bogu. Kako sam slušao, Bog me je blagoslovio sve više i više sa stvarima koje mi je On pripremio.

Bog vidi našu poslušnosti i otvara vrata odgovora i blagoslova. Za mene osobno, On mi je dao razne odgovore velike i male na sve što sam pitao, a ne samo financijske stvari. On mi je dao sve što sam pitao ako sam Ga pitao sa vjerom.

2. poslanica Korinćanima 1:19-20 piše, "Jer Sin Božji, Isus Krist, kojega mi, ja i Silvan i Timotej, vama propovijedasmo, nije bio zajedno da i ne, nego je bio u njega samo da. Jer koliko je obećanja Božjih, našlo je u njemu svoj da, i u njemu je Amen Bogu na slavu po nama."

Da bismo mi iskusili radove Boga prema zakonu pravde, mi bismo trebali pokazivati djela vjere kroz našu poslušnosti. Baš kao što je Isus postavio primjer, ako mi samo slušamo usprkos okolnostima i uvjetima, onda će se Božji rad jako odmotati ispred nas. Ja se nadam da ćeš ti slušati Božju Riječ samo sa "Da" i "Amen" i iskusiti radove Boga u svojem svakodnevnom životu.

Dr. Paul Ravindran Ponraj (Chennai, India)
- Stariji kućni časnik, kardiotorakalna operacija u Southampton General Hospital, UK
- Pisar kardiotorakalne operacije u St. Georges Hospital, London, U.K.
- Stariji pisar kardiotorakalne operacije, HAREFIELD Hospital, Middlesex, U.K.
- Kardiotorakalni kirurg, Willingdon Hospital, Chennai!

# Moć Boga izvan medicine

Ja sam koristio rubac noseći pomazanje mnogih bolesnih pacijenata i vidio sam kako se oporavljaju. Uvijek sam držao rubac u džepu košulje kada sam vršio operaciju u operacijskoj sali. Želio bih ispričati čudo koje se dogodilo u 2005.

Mladi čovjek u dobi od 42, zanimanje mu je bilo građevinar iz jednog od gradova u državi Tamil Nad, on je došao do mene sa bolesti koronarne arterija i ja sam trebao izvršiti operaciju premosnice koronarne arterije. Pripremio sam ga za operaciju i operirali smo na njemu. To je bila jako jednostavna operacija sa 2 premosnika (bez pumpe) koja se izvodi dok srce još kuca. Operacija je bila gotova za oko dva i pol sata.

Dok su se njegova prsa zatvarala on je postao nestabilan sa nenormalnim ECG-om i pao mu je krvni tlak. Ponovno sam otvorio njegova prsa i vidio sam da su premosnice bile savršene. Prebačen je u laboratorij za kateterizaciju da bi izvršio angiogram. Vidjeli smo da su sve njegove krvne žile u srcu i velike krvne žive u nogama ušle u grč i da krv nije tekla. Razlog za to se ni danas ne može razabrati.

Nije bilo nade za tog mladića. Vraćen je u operacijsku salu sa vanjskom masažom srca i prsa su mu ponovno otvorena i srce je direktno pumpano preko 20 minuta. Spojen je na aparat za srce i pluća.

Dano mu je mnoštvo vazodilatacijskih lijekova da bi se grčevi smirili, ali nije bilo odgovora. Održavao je krvni tlak na pumpi od 25 do 30 mmHg. oko 7 sati i ja sam znao da krve zalihe i kisik pri tom tlaku nisu bili dovoljni da bi se održale njegove moždane funkcije.

Na kraju 18 sati muke i 7 sati od kad je srce bilo na pumpi bez pozitivnog odgovora, mi smo odlučili zatvoriti prsa i proglasiti pacijenta mrtvim. Spustio sam se na koljena i molio sam se. Rekao sam, "Bože, ako je ovo to što želiš neka tako bude." Ja sam započimao operaciju sa molitvom i dugo sam nosio pomazani rubac koji mi je dao dr. Jaerock Lee u svojem džepu i recitirao sam što je rečeno u Djelima apostolskim 19:12. Ustao sam se sa molitve i ušao u operacijsku salu dok su prsa bila zatvarana prije nego se pacijent proglasi mrtvim.

Iznenadna promjena se dogodila i pacijent je postao potpuno

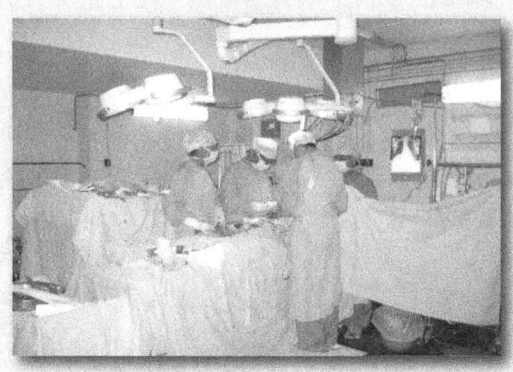
Dr. Paul Ponraj izvodi operaciju (centar)

normalan. ECG je postao potpuno normalan. Cijeli tim je bio šokiran i jedan član tima, nevjernik je rekao da me je Bog u kojeg imam vjeru počastio. Da, istina je da kada hodaš u vjeri ti si usred čuda i na kraju katastrofe. Taj mladić je otišao iz bolnice bez neuroloških problema osim malog šepanja u desnoj nozi. On je posvjedočio u molitvenoj ćeliji da ide vršiti Božji posao kao da je primio drugi život.

*Izvod iz Izvanredne stvari.*

# Poglavlje 6: Vjera

> Ako imamo potpuno uvjerenje vjere,
> mi možemo spustiti moć Boga
> čak i u naizgled nemogućim situacijama.

Iskreno srce i puno uvjerenje vjere

Veza između vjere i iskrenosti

Pitaj u punom uvjerenju vjere

Abraham sa iskrenim srcem u punom uvjerenju vjere

Kultivirati iskreno srce i punoću uvjerenja vjere

Test vjere

Pakistanski pohod

*"Pristupajmo stoga s istinitim srcem u punini vjere, srdaca škropljenjem očišćenih od zle savjesti i tijela oprana čistom vodom."*

(Poslanica Hebrejima 10:22)

Ljudi primaju odgovore od Boga u različitim mjerama. Neki primaju odgovore tako da se samo mole za to jednom ili samo žele u svojem srcu dok drugi moraju ponuditi mnoge dane molitve i posta. Neki ljudi prikazuju znamenja, kontroliraju moć tame i ozdravljaju bolesne kroz moć molitve (Po Marku 16:17-18). U suprotnom, neki ljudi kažu da se mole sa vjerom, ali nema znamenja i čuda koji se događaju kroz njihove molitve.

Ako netko pati od bolesti čak iako je on vjernik u Boga i on se moli, on mora pogledati u svoju vjeru. Riječi u Bibliji su istina koja se nikad ne mijenja kroz vječnost i stoga ako netko ima vjeru koju Bog može prepoznati, on može primiti sve što pita. Isus je obećao po Mateju 21:22, "Sve, što zamolite pouzdano u molitvi, dobit ćete." Sad, koji je razlog zašto ljudi primaju odgovore od Boga u različitim mjerama?

### Iskreno srce i puno uvjerenje vjere

Poslanica Hebrejima 10:22 nam kaže, "Pristupajmo stoga s istinitim srcem u punini vjere, srdaca škropljenjem očišćenih od zle savjesti i tijela oprana čistom vodom." Iskreno srce ovdje znači pravo srce koje nema laži. To je srce koje sliči srcu Isusa Krista.

Jednostavno rečeno, puno uvjerenje vjere je savršena vjera. To znači vjerovati svim riječima 66 knjiga Biblije bez sumnji i držati sve zapovijedi Boga. Do mjere u kojoj mi posjedujemo iskreno srce mi možemo imati savršenu vjeru. Ispovijedi onih koji su ostvarili pravo srce su prave ispovijedi vjere. Bog brzo odgovara na molitve tih ljudi.

Mnogi ljudi ispovijedaju svoju vjeru pred Bogom, ali iskrenost u njihovim ispovijedima je drugačija. Postoje ljudi čije su ispovijedi vjere 100% prava jer je njihovo srce 100% iskreno, dok postoje drugi čija je ispovijed vjere samo 50% prava jer je njihovo srce samo 50% iskreno. Ako je nečije srce samo 50% iskreno, Bog će reći, "Ti mi samo polovično vjeruješ." Iskrenost sadržana u ispovijedi vjere osobe je mjera vjere koju Bog prepoznaje.

## Veza između vjere i iskrenosti

U našim vezama sa drugima, govoriti da mi vjerujemo drugoj osobi i prava mjera do koje vjerujemo toj osobi se može razlikovati. Na primjer, kada majka ode van i ostavi svoju malu djecu kući, što ona kaže? Ona može reći, "Trebali biste se ponašati i ostati u kući. Djeco, ja vam vjerujem." Sad, vjeruje li majka stvarno svojoj djeci?

Ako majka stvarno vjeruje svojem djetetu, ona ne mora reći, "Vjerujem ti." Ona može samo reći, "Vratiti ću se u to i to vrijeme." Ali ona dodaje još malo kada joj dijete nije pouzdano. Ona može dodati, "Upravo sam pospremila, pa drži kući urednom. Ne diraj moju kozmetiku i ne bi trebao paliti pećnicu." Ona prelazi svaku točku oko koje joj nije ugodno i prije nego ode ona kaže svojem djetetu, "Vjerujem ti, pa slušaj moje riječi..."

Da je količina povjerenja bila još manja, čak i nakon što je rekla djetetu što da čini, ona bi mogla nazvati kući da provjeri kako je njenom djetetu. Ona pita, "Što sad radiš? Je li sve uredu?" i pokušava pronaći što njeno dijete radi. Ona je rekla da vjeruje svojem djetetu ali u svojem srcu ona mu ne vjeruje potpuno. Mjera roditeljskog povjerenja u svoju djecu je drugačija.

Možeš vjerovati nekoj djeci više od druge djece prema tome kako su stvarno iskrena i pouzdana Ako slušaju svoje roditelje svo vrijeme, njihovi roditelji im mogu vjerovati 100%. Kada im roditelji kažu, "Vjerujem ti," to je stvarno tako.

## Pitaj u punom uvjerenju vjere

Sada, ako dijete, kojem njegovi roditelji vjeruju 100% pita za nešto, roditelj će možda dati djetetu to što pita. Oni ne pitaju, "Što ćeš učiniti sa tim?" "Zar ti to stvarno treba?" i tako dalje. Oni mu samo daju što što pita u punom povjerenju misleći, "On je pitao za to jer je apsolutno potrebno. On neće ništa potratiti."

Ali ako roditelji nemaju punu mjeru povjerenja, oni će prihvatiti samo kada mogu razumjeti ispravan razlog za djetetov zahtjev. Što manje povjerenja imaju, to manje oni mogu vjerovati tomu što njihovo dijete pita i oni se ustručavaju dati djetetu to što pita. Ako dijete nastavi pitati iznova, roditelji mu ponekad mogu dati, ne zato što mu vjeruju, nego samo zato što dijete toliko puno pita.

Taj princip radi na isti način između Boga i nas. Imaš li iskreno srce tako da Bog može priznati 100% tvoje vjere govoreći, "Moj sine, moja kćeri, ti vjeruješ Meni u punom uvjerenju?"

Vjera • 95

Ne bismo trebali biti oni koji prime od Boga samo zato što toliko pitaju dan i noć. Trebali bismo moći primiti sve za što pitamo hodajući u istini u svim stvarima, nemajući ništa što bi nas moglo osuditi (1. Ivanova poslanica 3:21-22).

## Abraham sa iskrenim srcem u punom uvjerenju vjere

Razlog zašto je Abraham mogao postati ocem vjere je zbog toga što je imao pravo vjere i puno uvjerenje vjere. Abraham je vjerovao u Božje obećanje i nikad nije sumnjao u bilo kojoj situaciji.

Bog je obećao Abrahamu, kada je bio 75 godina star, da će se velika nacija stvoriti kroz njega. Ali tijekom više od slijedećih 20 godina, on nije dobio niti jedno dijete. Kada je imao 99 i njegova žena Sara 89 kada su bili prestari da bi imali djecu, Bog im je rekao da će dobiti sina nakon godine. Poslanica Rimljanima 4:19-22 objašnjava tu situaciju.

Kaže, "Nepokolebljivom vjerom promotri on tijelo svoje već obamrlo - bilo mu je blizu sto godina - i obamrlost krila Sarina. Ali pred Božjim obećanjem nije nevjeran dvoumio, nego se vjerom ojačao davši slavu Bogu, posve uvjeren da on može učiniti što je obećao. Zato mu se i uračuna u pravednost."

Iako je to bilo nešto posve nemoguće sa ljudskom sposobnosti, Abraham nikad nije sumnjao nego je potpuno vjerovao u obećanje Boga i Bog je priznao Abrahamovi vjeru.

Bog mu je dopustio imati sina, Izaka, slijedeće godine, kao što je On obećao.

Ali za Abrahama, da bi postao ocem vjere, postojao je još jedan test. Abraham je imao Izaka u dobi od 100 i Izak je dobro rastao. Abraham je jako puno volio svojeg sina. U to vrijeme, Bog je zapovjedio Abrahamu da prinese Izaka kao žrtvu paljenicu na način na koji oni prinose krave ili janjce kao žrtve paljenice. Tijekom vremena Starog zavjeta oni su odstranjivali kožu, rezali životinju u komade i onda ju prinosili kao žrtvu paljenicu.

Poslanica Hebrejima 11:17-19 dobro objašnjava kako se Abraham ponašao u tom trenutku, "Vjerom Abraham, kušan, prikaza Izaka. Jedinca prikazivaše on koji je primio obećanje, kome bi rečeno: 'Po Izaku će ti se nazivati potomstvo!' uvjeren da Bog može i od mrtvih uskrisiti. Zato ga u predslici i ponovno zadobi" (Poslanica Hebrejima 11:17-19)

Abraham je privezao Izaka za oltar i baš kad je krenuo zarezati svojeg sina sa nožem. U tom trenutku, Božji anđeo se pojavio i rekao "Ne stavljaj ruku na dječaka i ne učini mu ništa, jer sad znam, da se Boga bojiš i da mi nijesi uskratio jedinoga sina svojega." (Postanak 22:12-12). Kroz taj test, Bog je priznao Abrahamovu savršenu vjeru i on se dokazao da je kvalificiran postati Ocem Vjere.

## Kultivirati iskreno srce i punoću uvjerenja vjere

Jednom sam bio u vremenu kada nisam imao nade i samo sam

čekao smrt. Ali moja sestra me odvela u crkvu i samo klečeći u svetištu Boga ja sam ozdravio od svih bolesti sa moći Boga. To je bio odgovor na molitve i post moje sestre za mene.

Jer sam primio nemjerljivu ljubav i milost od Boga, ja sam želio toliko puno znati o Njemu. Pohađao sam mnoge sastanke oživljenja povrh svih vrsta službi da bih naučio Riječ Boga. Iako sam radio fizički težak posao na gradilištu, ja sam posjećivao jutarnje molitvene sastanke svako jutro. Samo sam želio čuti Riječ Boga i naučiti Njegovu volju najbolje što sam mogao.

Kada je pastor učio volju Boga, ja sam samo slušao. Čuo sam da nije ispravno da dijete Boga puši i pije, pa sam odmah prestao pušiti i piti. Kada sam čuo da moramo davati Bogu našu desetinu i prinose, ja nikad nisam propustio dati Bogu do današnjeg dana.

Dok sam čitao Bibliju, činio sam što nam Bog govori da činimo i držao sam što nam Bog kaže da držimo. Nisam činio što Biblija kaže da ne činimo. Molimo sam se, te sam čak i postio da odbacim sve stvari koje nam Biblija kaže da odbacimo. Nije ih bilo lako odbaciti, postio sam da bih to napravio. Bog je smatrao moj napor za vraćanje Božje milosti i dao mi prevrijednu vjeru.

Moja vjera u Boga je postajala čvršća iz dana u dan. Nikad nisam sumnjao u Boga u bilo kojem testu ili poteškoći. Kao rezultat poslušnosti prema Riječi Boga, moje srce se promijenilo u iskreno srce koje nema laži. Promijenilo se u dobro i čisto srce da bi postao još više kao srce Gospoda.

Kao što je rečeno u 1. Ivanovoj poslanici 3:21, "Ljubljeni, ako nas srce ne osuđuje, možemo zaufano k Bogu;" Ja pitam Boga za sve sa uvjerenjem vjere i primam odgovore.

## Test vjere

U međuvremenu, u veljači 1983. 7 mjeseci nakon otvaranja crkve, nastao je veliki test vjere. Moje tri kćeri i mladić su pronađeni otrovani sa ugljičnim monoksidom jedno rano subotnje jutro. To je bilo odmah nakon cjelonoćne službe petkom. Činilo se da je nemoguće da će preživjeti jer su udisali plin skoro cijelu noć. Njihove oči su se okrenule i imali su mjehuriće u ustima. Njihova tijela nisu imali niti malo snage i visjeli su. Rekao sam članovima crkve da ih polegnu na pod svetišta, otišao na oltar i prinio Bogu molitve hvale.

"Bože Oče, hvala Ti. Ti si ih dao i Ti si ih uzeo. Zahvaljujem Ti što si uzeo moje kćeri na prsa Gospoda. Zahvaljujem Ti, Bože, što si ih uzeo u Svoje kraljevstvo gdje nema suza, tuge ili boli."

"Ali pošto je mladić samo član crkve, molim Te oživi ga. Ne želim da ovaj incident osramoti Tvoje ime..."

Nakon molitve Bogu na taj način, ja sam se prvo molio za mladića, a onda za moje tri kćeri jednu za drugom. Onda, nije prošlo niti nekoliko minuta nakon što sam se molio za njih, svo četvero je ustalo sa jasnom sviješću prema redu u kojem se molio za njih.

Jer sam stvarno vjerovao i volio Boga, ja sam prinio molitvu zahvalnosti bez zamjerki ili tuge u mojem srcu i Bog je bio pokrenut mojom molitvom i pokazao je veliko čudo. Naši članovi su mogli imati veću vjeru kroz ovaj incident. Moju vjeru je također Bog prepoznao još više i primio sam veću moć od Boga. Prvenstveno, ja sam naučio kako istjerivati otrovne plinove, iako to nije živi organizam.

Kada postoji test vjere, ako pokažemo nemijenjajuću vjeru Bogu, Bog će priznati našu vjeru i nagraditi će nas sa blagoslovima. Čak nas i neprijatelj vrag i Sotona ne mogu optuživati nego oni također vide da je naša vjera prava vjera.

Od tog vremena ja sam mogao prevladati sva iskušenja, uvijek se približavao Bogu sa iskrenim srcem i savršenom vjerom. Svaki put, primio sam veću moć odozgor. Sa moći Boga koja mi je dana na taj način, Bog mi je dopustio prekomorske ujedinjene pohode koji su počeli u 2000. godini.

Dok sam se pripremao za 40 dnevni post u 1982. prije otvaranja crkve, Bog je to radosno prihvatio i dao mi misiju svjetskog evangelizma i građenje velikog svetišta. Čak i nakon pet ili deset godina, ja nisam mogao vidjeti način ostvarivanja tih misija. Ipak, ja sam svejedno vjerovao da će ih Bog ispuniti i stalno sam se molio za te misije.

Tijekom slijedećih 17 godina od otvaranja crkve, Bog nas je blagoslovio u ostvarivanju svjetskog evangelizma kroz jako velike prekomorske pohode gdje se veličanstvena moć Boga prikazala.

Počevši sa Ugandom, mi smo također imali ujedinjene pohode u Japanu, Pakistanu, Keniji, Filipinima, Indiji, Dubaiju, Rusiji, Njemačkoj, Peruu, DR Kongu, SAD-u, te čak i u Izraelu, gdje je širenje evanđelja praktički nemoguće. I tamo su se događali veličanstveni radovi ozdravljenja. Mnogi ljudi su se preobratili sa hinduizma i islama. Mi smo jako puno dali slavu Bogu.

Kada je vrijeme došlo, Bog nam je dopustio objaviti mnoge knjige u raznim jezicima da bismo propovijedali evanđelje kroz te objave. On nam je također dopustio uspostaviti kršćanski TV kanal nazvan Global Christian Network (GCN) i mrežu kršćanskih medicinskih doktora, World Christian Doctors Network (WCDN), sve da bismo proširili rad Božje moći prikazan u našoj crkvi.

### Pakistanski pohod

Postoje mnoge prigode gdje smo mi prevladali sa vjerom u prekomorskim pohodima, ali želio bih posebno pričati o pakinstanskom pohodu koji je održan u listopadu 2000.

Na dan ujedinjenog pohoda, mi smo imali svećenički sastanak. Iako smo već primili pristanak od vlasti, lokacija stanaka je bila zatvorena kada smo bili tamo ujutro. Većina populacije Pakistana su muslimani. Postojale su prijetnje terorizmom protiv našeg kršćanskog sastanka. Jer su naš sastanak mediji jako dobro objavljivali, muslimani su pokušavali remetiti naš pohod.

Zbog toga se vlast jako brzo predomislila, oduzela je

dopuštenje za lokaciju i spriječila ljude koji su dolazili na sastanak. Međutim, nisam bio uznemiren ili iznenađen u svojem umu. Radije, kako je moje srce pokrenuto, ja sam rekao, "Sastanak će početi do podne danas." Ispovjedio sam svoju vjeru dok su naoružani policajci blokirali vraga i činilo se kao da nema šanse da će činovnici vlasti promijeniti mišljenje.

Bog je već znao da će se stvari tako dogoditi i pripremio je ministra kulture i sporta pakistanske vlasti koji su mogli riješiti problem. On je bio u Lahoreu zbog posla i dok je išao na aerodrom da bi se vratio u Islamabad, on je čuo o našoj situaciji i pozvao je policijski ured i činovnike vlasti tako da se naš sastanak može održati. On je čak odgodio svoj let tako da može doći i posjetiti lokaciju gdje će se sastanak održati.

Sa veličanstvenim radom Boga vrata imanja su se otvorila i tako mnogo ljudi je ušlo sa povicima i uzvicima radosti. Oni su se međusobno grlili i prolijevali suze zbog dubokih emocija i radosti, dajući hvalu Bogu. I, bilo je točno podne!

Slijedeći dan, u pohodu, veliki radovi Božje moći su se prikazali usred najvećeg broja ljudi u kršćanskoj povijesti Pakistana. Također je otvorilo put za misionarski rad na Bliskom istoku. Od tada, mi jako dajemo slavu Bogu u svakoj državi u koju odemo zbog pohoda jer imamo najveću publiku i najmoćnije radove Boga.

Baš kao što možemo otvoriti bilo koja vrata ako imamo "glavni ključ," ako imamo savršenu vjeru, mi možemo spustiti moć Boga usred situacija koje se čine nemoguće. Onda, svi problemi se mogu riješiti u trenutku.

Isto tako, iako nesreće, prirodne katastrofe ili zarazne bolesti prevladavaju, ti možeš biti zaštićen sa Bogom ako se samo držiš blizu Bogu sa iskrenim srcem i savršenom vjerom. Isto tako, čak i ako te ljudi sa autoritetom ili oni koji su zli pokušavaju srušiti sa planovima, ako samo imaš pravo srce i savršenu vjeru, ti ćeš moći dati slavu Bogu kao Daniel koji je bio zaštićen u lavljoj jazbini.

Prvi dio 2. Ljetopisa 16:9 kaže, "Jer Jahve svojim očima gleda po svoj zemlji da bi se ohrabrili oni kojima je srce iskreno prema njemu." Čak će se i djeca Boga susresti sa mnogo vrsta malih i velikih problema u svojim životima. U to vrijeme, Bog očekuje da se uzdaju u Njega, mole se sa savršenom vjerom.

Oni koji dođu Bogu sa pravim srcem će se temeljito pokajati od svojih grijeha kada su im grijesi otkriveni. Jednom kada su im grijesi oprošteni, oni dobivaju samopouzdanje i oni mogu ići do Boga sa punim uvjerenjem vjere (Poslanica Hebrejima 10:22).

Ja se molim u ime Gospoda da ćeš shvatiti taj princip i ići blizu Boga sa iskrenim srcem i savršenom vjerom, tako da ćeš primiti odgovore na sve što pitaš u molitvi.

*Primjeri Biblije II*

Treće nebo i prostor treće dimenzije.

Treće nebo je mjesto gdje se nalazi kraljevstvo nebesko.

Prostor koji ima karakteristike trećeg neba se naziva "prostor treće dimenzije":

Kada je vruće i sparno u ljeto, mi kažemo da je kao tropsko područje.

To ne znači da se topli i sparni zrak tropskog područja zapravo preselio na to mjesto.

To znači da vrijeme tamo ima slične karakteristike vremena u tropskim krajevima.

Na isti način, čak i ako se stvari trećeg neba dogode u prvom nebu (fizički prostor gdje mi živimo), to ne znači da je određeni dio trećeg neba došao u prvo nebo.

Naravno, kada nebeska vojska, anđeli ili proroci putuju do prvog neba, vrata koja povezuju treće nebo će se otvoriti.

Baš kao što astronauti moraju biti u svemirskom odijelu da bi hodali po mjesecu ili u svemiru, kada bića trećeg neba dođu u prvo nebo, oni moraju "odjenuti" prostor treće dimenzije.

Neki od patrijarha u Bibliji su također iskusili prostor trećeg neba. To su obično događaji kada su se anđeli ili anđeli GOSPODA pojavili i pomogli im.

**Petar i Pavao oslobođeni iz zatvora**

Djela apostolska 12:7-10 kaže, "Kad eto: pojavi se anđeo Gospodnji te svjetlost obasja ćeliju. Anđeo udari Petra u rebra, probudi ga i reče: 'Ustaj brzo!' I spadoše mu verige s ruku. Anđeo mu reče: 'Opaši se i priveži obuću!' On učini tako. Onda će mu anđeo: 'Zaogrni se i hajde za mnom!'" Petar izađe, pođe za njim, a nije znao da je zbilja što se događa po anđelu: činilo mu se da gleda viđenje. Prošavši prvu stražu, i drugu, dođoše do željeznih vrata koja vode u grad. Ona im se sama otvore te oni izađu, prođu jednu ulicu, a onda anđeo odjednom odstupi od njega. "

Djela apostolska 16:25-26 kažu, "Oko ponoći su Pavao i Sila molili pjevajući hvalu Bogu, a uznici ih slušali. Odjednom nasta potres velik te se poljuljaše temelji zatvora, umah se otvoriše sva vrata, i svima spadoše okovi. "

Postoje događaji kada su Petar i apostol Pavao bačeni u zatvor bez krivnje, samo zato što su propovijedali evanđelje. Oni su progonjeni dok su propovijedali evanđelje, ali oni nisu prigovarali. Oni su radije hvalili Boga i radovali se zbog činjenice da oni mogu patiti u ime Gospoda. Jer su njihova srca bila ispravna prema pravdi trećeg neba, Bog je poslao anđele koji će ih osloboditi. Zavezani okovi ili željezna vrata nisu problem za anđele.

# Daniel je preživio u lavljoj jazbini

Kada je Daniel bio premijer Perzijskog carstva, neki od onih koji su bili ljubomorni na njega su ga planirali uništiti. Posljedično on je bačen u lavlju jazbinu. Ali Daniel 6:22 kaže, "Bog moj poslao je anđela svojega. On je zatvorio čeljust lavovima. Oni mi nijesu ništa naudili, jer sam bio nađen pred njim nedužan. I proti tebi, kralju, nijesam učinio nikakve nepravde." Ovdje, "Bog moj poslao je anđela svojega. On je zatvorio čeljust lavovima" znači da ih je prostor trećeg neba prekrio.

U kraljevstvu neba u trećem nebu, čak i životinje koje su bijesne na zemlji, kao lavovi, nisu nasilni nego jako blagi. Pa, pravi lav na ovoj zemlji također postaje jako blag kada ga prostor trećeg neba prekrije. Ali ako je taj prostor uzdignut, oni će se vratiti u svoj izvorni nasilni karakter. Daniel 6:24 kaže, "I kralj je dao naredbu i oni su doveli one ljudi koji su opako optužili Daniela i oni su ih bacili, njihovu djecu i njihove žene u lavlju jazbinu; oni nisu došli do dna jazbine prije nego su ih lavovi nadjačali i slomili im sve kosti."

Daniela je Bog štitio jer on nije uopće griješio. Zli ljudi su pokušali pronaći načine za podizanje optužbe protiv njega, ali nisu mogli ništa pronaći. Isto tako, on se molio iako njegov život nije bio ugrožen. Sva njegova djela su bila ispravna prema pravdi treće dimenzije i zbog tog razloga prostor treće dimenzije je prekrio lavlju jazbinu i Daniel nije bio ozlijeđen.

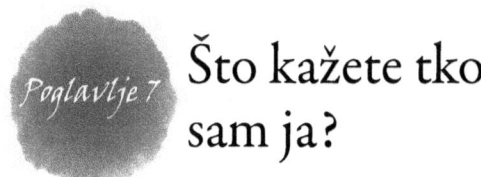

# Poglavlje 7 — Što kažete tko sam ja?

> "Ti si Krist, Sin Boga živoga."
> Ako učiniš ispovijed vjere
> iz dubine svojeg srca,
> to će biti popraćeno sa tvojim djelima.
> Bog blagoslivlja one koji učine takvu ispovijed.

Važnost ispovijedi usana

Petar hoda po vodi

Petar prima ključeve neba

Razlog zašto je Petar primio veličanstvene blagoslove

Prakticiraj Riječ ako vjeruješ Isusu kao svojem Spasitelju

Primiti odgovore pred Isusom

Primiti odgovore kroz ispovijed usana

*Kaže im: "A vi, što vi kažete, tko sam ja?" Šimun Petar prihvati i reče: "Ti si Krist-Pomazanik, Sin Boga živoga." Nato Isus reče njemu: "Blago tebi, Šimune, sine Jonin, jer ti to ne objavi tijelo i krv, nego Otac moj, koji je na nebesima. A ja tebi kažem: Ti si Petar-Stijena i na toj stijeni sagradit ću Crkvu svoju i vrata paklena neće je nadvladati.*

*Tebi ću dati ključeve kraljevstva nebeskoga, pa što god svežeš na zemlji, bit će svezano na nebesima; a što god odriješiš na zemlji, bit će odriješeno na nebesima."*

(Po Mateju 16:15-19)

Neki bračni parovi rijetko kažu, "Volim te," tijekom cijelog njihovog braka. Ako ih pitamo, oni bi mogli reći da je srce važno, te da stvarno ne moraju govoriti cijelo vrijeme. Naravno, srce je važnije od samog ispovijedanja sa ustima. Bez obzira koliko puta mi kažemo "Volim te," ako ne volimo iz srca, riječi su beskorisne. Ali zar ne bi bilo važnije ispovijedati ono što nam je u srcu? Duhovno, to je isto.

## Važnost ispovijedi usana

Poslanica Rimljanima 10:10 kaže, "Jer se srcem vjeruje za opravdanje, a ustima se priznaje za spasenje."

Naravno, ono što ovaj stih naglašava je vjerovanje sa našim srcem. Ne možemo biti spašeni samo ako ispovijedamo sa našim usnama "Ja vjerujem," ali ne vjerujemo u srcu. Međutim, svejedno kaže da moramo ispovijedati sa našim usnama ono što vjerujemo u našim srcima. Zašto?

To je zbog toga što nam govori o važnosti dijela koja slijede ispovijedi usana. Oni koji ispovijedaju da vjeruju, ali to čine samo sa svojim usnama bez vjere u svojim srcima, ne mogu prikazati dokaze svoje vjere, a to su njihove akcije ili djela vjere.

Ali oni koji stvarno vole iz srca i ispovijedaju sa svojim usnama pokazuju dokaze svoje vjere sa svojim djelima. Prvenstveno, oni čine što im Bog kaže da čine, ne čine što nam Bog kaže da ne činimo, drže što nam Bog kaže da držimo i odbacuju što nam Bog kaže da odbacimo.

Zato nam Jakovljeva poslanica 2:22 kaže, "Vidiš: vjera

je surađivala s djelima njegovim i djelima se vjera usavršila." Po Mateju 7:21 također kaže "Neće svaki, koji mi govori: 'Gospodine, Gospodine!' ući u kraljevstvo nebesko, nego samo tko čini volju Oca mojega, koji je na nebesima." Prvenstveno, to nam pokazuje da mi možemo biti spašeni samo ako slijedimo volju Boga.

Ako učiniš ispovijed vjere koja dolazi iz srca, to će biti popraćeno sa djelima. Onda, Bog to smatra pravom vjerom i odgovoriti će i voditi te do puta spasenja. Po Mateju 16:15-19 mi vidimo da je Petar primio tako veličanstveni blagoslov kroz svoju ispovijed vjere koja dolazi iz dubine njegova srca.

Isus je pitao učenike, "A vi, za koga me vi držite?" Petar odgovara "Ti si Krist, Sin Boga živoga." Kako je mogao učiniti tako veličanstvenu ispovijed vjere?

Po Mateju 14, mi čitamo o situaciji gdje je Petar učinio veličanstvenu ispovijed vjere. Tada je Petar prohodao po vodi. Čovjek koji hoda po vodi nema smisla prema ljudskom znanju. Isus koji hoda po vodi je veličanstveno samo od sebe i brzo privlači pozornost kada je i Petar hodao po vodi.

### Petar hoda po vodi

U to vrijeme, Isus se molio sam u planinama i usred noći, On je prišao Svojim učenicima koji su bili na brodu, nosili su ih valovi. Učenici su mislili da je On duh. Samo zamisli biti u mračnoj noći dok ti se netko približava usred mora! Učenici su zavapili u strahu.

Isus im je rekao, "Ja sam! Ne bojte se!" I Petar je odgovorio, "Gospodine, ako si ti, zapovjedi mi da dođem k tebi po vodi." Isus je rekao, "Dođi!" i kada je Petar izašao iz broda, hodao je po vodi i došao do Isusa. Petar je mogao hodati po vodi ali to nije bilo jer je njegova vjera bila savršena. Mi to možemo razumjeti iz činjenice da je on bio uplašen i počeo je tonuti kada je vidio vjetar. Isus ga je uhvatio i pitao, "Malovjerni, zašto si posumnjao?" Ako ne sa savršenom vjerom, onda kako je mogao Petar hodati po vodi?

Iako on nije to mogao ostvariti sa svojom vlastitom vjerom, on je vjerovao Isusu, Sinu Boga, u svojem srcu i priznao Ga tako da je mogao hodati po vodi nekoliko trenutaka. U tom trenutku, mi možemo shvatiti nešto jako važno: važno je ispovjediti sa usnama kada vjerujemo u Gospoda i priznamo Ga.

Prije nego je Petar hodao po vodi, on je ispovjedio, "Gospodine, ako si ti, zapovjedi mi da dođem k tebi po vodi." Naravno, mi ne možemo reći da je ta ispovijed potpuna. Da je on vjerovao u Gospoda 100% on bi ispovjedio, "Gospode ti možeš sve učiniti. Reci mi da dođem do tebe po vodi."

Ali, pošto Petar nije imao dovoljno vjere da bi učinio savršenu ispovijed iz dubine svojeg srca, on je rekao, "Gospode, ako si ti." On je pomalo pitao za potvrdu. Ipak, Petar je bio drugačiji od drugih učenika koji su bili na brodu jer je to rekao.

On je učinio ispovijed svoje vjere čim je prepoznao Isusa dok su drugi učenici plakali u strahu. Kada je Petar vjerovao i priznao Isusa i ispovjedio Mu se kao Gospodu iz dubine svojeg srca, on je mogao iskusiti tako veličanstvenu stvar koju nije mogao učiniti sa svojom vjerom i moći, kao što je hodanje po vodi.

## Petar prima ključeve neba

Kroz to iskustvo, Petar je odmah učinio savršenu ispovijed svoje vjere. Po Mateju 16:16, Petar kaže, "Ti si Krist, Sin Boga živoga." To je bila drugačija vrsta ispovijedi od one koju je učinio dok je hodao po vodi. Tijekom Isusovog svećeništva, nitko Ga stvarno nije vjerovao i prepoznao kao Mesiju. Neki su bili ljubomorni na Njega i pokušavali su Ga ubiti.

Postojali su čak neki ljudi koji su Ga sudili i osuđivali šireći lažne glasine kao što su "On je lud", "Beelzebub ga je zaposjeo", ili "Kao princ demona On je istjerivao demone".

Ipak po Mateju 16 Isus je pita Svoje učenike, "Za koga drže ljudi Sina čovječjega?" Oni su odgovorili, "Jedni da je Ivan Krstitelj; drugi da je Ilija; treći opet da je Jeremija ili koji od proroka." Postojali su oni koji su govorili lažne glasine o Isusu, ali učenici ih nisu spominjali nego su govorili o dobrim stvarima tako da mogu ohrabriti Isusa.

Tada je Isus pitao Svoje učenike, "A vi, za koga me vi držite?" Prvi koji je odgovorio na to pitanje je bio Petar. On je rekao po Mateju 16:16, "Ti si Krist, Sin Boga živoga." Čitamo slijedeće stihove u kojima je Isus dao Petru tako blagoslovljenu riječi.

"Blago tebi, Šimune, sine Jonin, jer ti to ne objavi tijelo i krv, nego Otac moj, koji je na nebesima" (Po Mateju 16:17).

A ja tebi kažem: Ti si Petar-Stijena i na toj stijeni sagradit ću Crkvu svoju i vrata paklena neće je nadvladati. Tebi ću dati ključeve kraljevstva nebeskoga, pa što god svežeš na zemlji, bit će svezano na nebesima; a što god odriješiš na zemlji, bit će odriješeno na nebesima" (Po Mateju 16:18-19).

Petar je primio blagoslov što je postao temelj crkve i autoritet koji pokazuje stvari duhovnog prostora u fizičkom prostoru. Tako su se kasnije nebrojene veličanstvene stvari dogodile kroz Petra; bogalji su prohodali, mrtvi su oživjeli, a tisuće ljudi su se pokajali odjednom.

Isto tako, kada je Petar prokleo Ananiju i Safiru koji su prevarili Duh Sveti, oni su odmah pali i umrli (Djela apostolska 5:1-11). Sve te stvari su bile moguće jer je Petar imao autoritet sa kojim sve što je svezao na zemlji je bilo svezano na nebu, te sve što je razriješio na zemlji bilo je razriješeno na nebu.

### Razlog zašto je Petar primio veličanstvene blagoslove

Koji je razlog zašto je Petar primio tako veličanstveni blagoslov? Dok je sjedio blizu Isusa i Njegovih učenika on je vidio nebrojena djela moći koja su prikazana kroz Isusa. Stvari koje se nisu mogle ostvariti sa ljudskom sposobnosti su se dogodile kroz Isusa. Stvari koje se ne mogu naučiti sa ljudskom mudrosti su izrečene kroz Isusova usta. Pa, što bi oni koji stvarno vjeruju u Boga i imaju dobrotu u svojim srcima trebali učiniti? Ne bi li Ga trebali prepoznati misleći, "To nije običan čovjek nego Sin Boga koji je došao sa neba"?

Ali videći tog Isusa, tako mnogo ljudi tog doba Ga nije prepoznalo. Posebno, visoki svećenici, svećenici, farizeji, pismoznanci i drugi vođe Ga nisu prepoznali.

Nego radije oni su postajali zavidni i ljubomorni na Njega i pokušali su Ga ubiti. Drugi pak su Ga sudili i osuđivali prema svojim mislima. Isus se osjećao tako jadno zbog tih ljudi i rekao je po Ivanu 10:25-26, "Rekoh vam pa ne vjerujete. Djela što ih ja činim u ime Oca svoga – ona svjedoče za mene. Ali vi ne vjerujete jer niste od mojih ovaca."

Čak i u Isusovo vrijeme, tako mnogo ljudi je sudilo i osuđivalo Isusa i pokušavali su Ga ubiti. Međutim, Njegovi učenici, koji su Ga stalno promatrali, su bili drugačiji. Naravno, nisu svi učenici vjerovali i ispovjedili Isusa kao Sina Božjeg i da je Krist duboko u njihovim srcima. Ali, oni su vjerovali i priznali Isusa.

Petar je rekao Isusu, "Ti su Krist, Sin Boga živoga," i to je nešto što nije čuo od drugih ili shvatio u svojim mislima. On je to mogao shvatiti jer je vidio radove Boga koji su slijedili Isusa i Bog mu je dopustio shvatiti.

# Prakticiraj Riječ ako vjeruješ Isus kao svojem Spasitelju

Neki kažu sa svojim usnama, "Ja vjerujem," samo zato što im drugi ljudi kažu da će biti spašeni ako vjeruju u Isusa i da možemo biti ozdravljeni i primiti blagoslove ako pohađamo crkvu. Naravno, kada dođeš u crkvu prvi puta, šanse su da ne dolaziš u crkvu jer znaš dovoljno i dovoljno vjeruješ. Nakon što čuju da mogu biti blagoslovljeni i spašeni ako pohađaju crkvu, mnogi ljudi misle, "Zašto ne bih pokušao?"

Bez obzira na razlog zašto si došao u crkvu, nakon što vidiš Božje čudesne radove ti ne bi trebao imati isti um kao prije. Govorim da ne bi trebao samo ispovijedati sa svojim usnama da vjeruješ dok nemaš nikakvu vjeru, nego bi trebao prihvatiti Isusa Krista kao svojeg osobnog Spasitelja i dostaviti Isusa Krista drugima kroz svoja djela.

U mojem slučaju, ja sam živio potpuno drugačijim životom od kad sam sreo živog Boga i prihvatio Isusa kao svojeg osobnog Spasitelja. Ja sam mogao vjerovati u Boga i Isusa kao svojeg osobnog Spasitelja 100% u svojem srcu.

Uvijek sam priznavao Gospoda u svojem životu i slušao Riječi Boga. Nisam insistirao na svojim mislima, teorijama ili mišljenjima nego sam se samo pouzdao u Boga u svemu. Kao što je rečeno u Mudrim izrekama 3:6, "Misli na nj na svim svojim putovima i on će ispraviti tvoje staze," jer sam ja priznavao Boga u svemu, Bog me je vodio u svim mojim putovima.

Onda sam počeo primati veličanstvene blagoslove kao one

koje je Petar primio. Kao što je Isus rekao Petru, "...štogod svežete na zemlji, bit će svezano na nebu, i štogod razriješite na zemlji, bit će razriješeno i na nebu." Bog mi je odgovorio za bilo u što sam vjerovao i za što sam pitao.

Priznao sam Boga i odstranio sam sve vrste zla prema Riječi Boga. Kada sam došao do nivoa posvećenosti, Bog mi je dao Svoju moć. Kada sam položio ruke na bolesne, bolesti su ih napuštale i oni su ozdravili. Kada sam se molio za one koji su imali probleme u obitelji ili poslu, njihovi problemi su razriješeni. Kako sam ja priznao Boga u svemu, ispovjedio svoju vjeru i udovoljio Mu pripovijedajući Njegovu Riječ, On mi je odgovorio na sve želje mojeg srca i obilno me blagoslovio.

### Primiti odgovore pred Isusom

U Bibliji mi vidimo kako su mnogi ljudi došli pred Isusa i da su njihove slabosti i bolesti ozdravljene ili su njihovi problemi riješeni. Bilo je nevjernika među njima, ali većina su bili Židovi koji su vjerovali u Boga generacijama.

Ali iako su vjerovali u Boga, oni nisu mogli sami riješiti svoje probleme ili primiti odgovore sa svojom vlastitom vjerom. Oni su bili ozdravljeni od bolesti, slabosti i problema kada su došli pred Isusa. To je zbog toga što su vjerovali i priznali Isusa i pokazali dokaze svoje vjere sa svojim djelima.

Razlog zašto je tako mnogo ljudi pokušalo doći pred Isusa ili čak dotaknuti Njegovu odjeću je zbog toga što su imali vjeru da Isus nije obična osoba i da se njihovi problemi mogu riješiti jednom kada dođu pred Njega, iako njihova vjera nije bila potpuna. Oni nisu mogli primiti odgovore na probleme sa svojom vjerom, ali su svejedno mogli primiti odgovore kada su vjerovali, priznali i došli pred Isusa.

A što je onda sa tobom? Ako stvarno vjeruješ u Isusa Krista i kažeš, "Ti si Krist, Sin Boga živoga," onda će ti Bog odgovoriti, videći tvoje srce. Naravno, ispovijed vjere onih koji su išli u crkvu neko vrijeme treba biti drugačija od one novih vjernika. To je zbog toga što Bog zahtjeva drugačije vrste ispovijedi sa usnama od različitih ljudi prema individualnom nivou vjere. Baš kao što je znanje četverogodišnjeg djeteta i mladića različito, ispovijedi usana također trebaju biti različite.

Međutim, ne možeš shvatiti te stvari sam od sebe ili samo čuti o njima od nekoga drugog i shvatiti. Duh Sveti u tebi ti mora dati shvaćanje i ti moraš ispovjediti sa inspiracijom Duha Svetog.

## Primiti odgovore kroz ispovijed usana

U Bibliji, postoje mnogi ljudi koji su primili svoje odgovore kroz ispovijed svoje vjere. Po Luki poglavlje 18 kada je slijepi čovjek vjerovao i priznao Gospod, on je došao pred Njega i ispovjedio, "Gospodine, da progledam" (s.41). Isus mu je odgovorio, "Progledaj! Vjera te tvoja spasila" (s.42) i on je mogao odmah vidjeti.

Kada oni vjeruju, prepoznaju i dođu pred Isusa i ispovjede svoju vjeru, Isus izgovori izvornim glasom i odgovori su dani. Isus ima istu moć kao svemogući i sveznajući Bog. Ako Isus samo odluči u Svojem umu, bilo koja vrsta bolesti i slabost se može izliječiti i čak sve vrste problema se mogu riješiti.

Ali to ne znači da je On rješavao bilo čije probleme i odgovara na bilo čiju molitvu. Nije ispravno prema pravdi moliti se za i blagoslivljati one koji ne vjeruju, prepoznaju ili se ne zanimaju za Njega.

Isto tako, čak i ako je Petar vjerovao i prepoznao Gospoda u svojem srcu, ako on to nije ispovjedio sa svojim usnama, bi li Isus svejedno dao Petru te veličanstvene riječi blagoslova? Isus je mogao dati Petru obećanje blagoslova bez kršenja pravde jer je Petar vjerovao i priznao Isusa u svojem srcu i ispovjedio sa svojim usnama.

Ako bi htio sudjelovati u svećeništvu Duha Svetog kao što je Petar činio za Isusa, ti bi trebao učiniti ispovijed usana koja dolazi iz dubine tvojeg srca. Kroz takvu ispovijed usana koja proizlazi iz inspiracije Duha Svetog, ja se nadam da ćeš brzo primiti čak i želje svojeg srca.

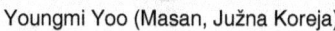

Youngmi Yoo (Masan, Južna Koreja)

# Nepozvana i nepoštena bolest koja mi je došla jednog dana

Usred siječnja 2005. lijevo oko mi se odjednom počelo magliti i vid oba oka je oslabio. Objekti su se činili maglovati i skoro nevidljivi. Mnogi objekti su se činili žuti i ravne linije su se činile zakrivljene i valovite. Još gore, povraćanje i vrtoglavica je slijedila.

Doktor mi je rekao, "To je Haradina bolest. Objekti se čine kvrgavi zbog malenih kvržica u tvojim očima." On je rekao da se uzrok bolesti još ne zna i da se vid ne može lako obnoviti sa medicinskim tretmanom. Ako se tumori povećaju, oni će prekriti očne živce i ja ću izgubiti vid. Počeo sam se zagledati u sebe kroz molitvu. Onda, ja sam postao zapravo zahvalan jer bih ostao arogantan da nisam dobio tu vrstu problema.

Nakon toga, kroz molitvu velečasnog dr. Jaerock Lee-a preko prijenosa i sa molitvenim rupcom na kojem se on molio, moja vrtoglavica i povraćanje su prestali. "Mrtvi očni živci, oživite! Svijetlo,

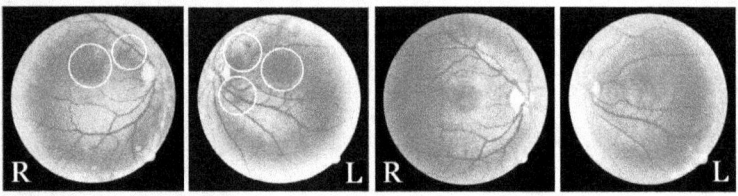

Prije molitve                    Tumori otiđite nakon molitve

dođi!"
Kasnije ja sam se pronašao kako gledam cijelonoćnu službu petkom na TV-u sa savršenim vidom. Titlovi su izgledali jasno mojim očima. Mogao sam se fokusirati na to što sam želio vidjeti, a objekti se više nisu činili nejasno. Boja svakog objekta je postala jasna. Ništa nije izgledalo žuto. Aleluja!

14. veljače ja sam otišao na ponovni pregled da bih potvrdio moje ozdravljenje i proslavio Boga. Doktor je rekao, "Čudesno! Tvoje oči su normalne." Doktor je znao o ozbiljnim uvjetima mojih očiju i on je bio iznenađen jer su bile normalne. Nakon pobližeg pregleda, on je potvrdio da su tumori nestali, a oticanje je prestalo. On me je pitao jesam li primio medicinski tretman u drugoj bolnici. Dao sam mu jasan odgovor: "Ne. Samo sam primio molitvu velečasnog dr. Lee-a i bio sam ozdravljen sa moći Boga."

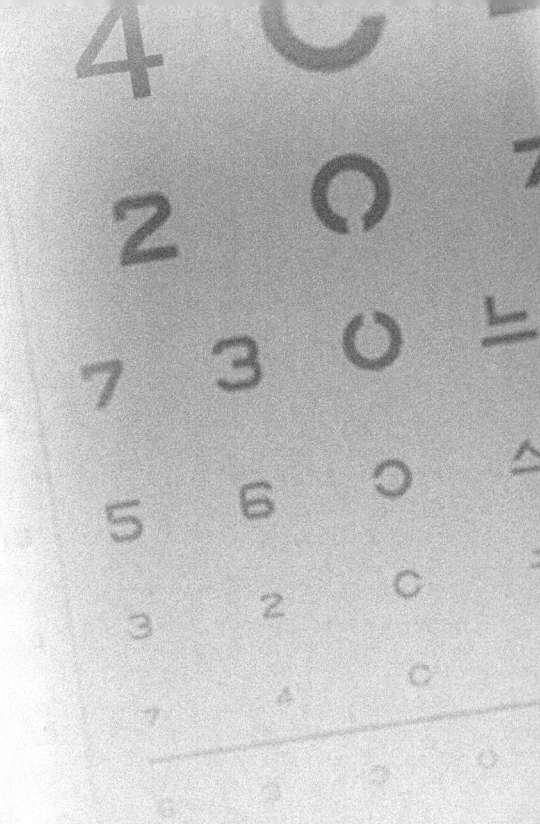

Moj vid je bio 0.8/0.25 prije nego sam primio molitvu, ali se nakon molitve popravio i pokazuje 1.0/1.0. Sada je moj vid 1.2 u oba oka.

*- Izvod iz Izvanrednih stvari -*

# Što hoćeš da ti učinim?

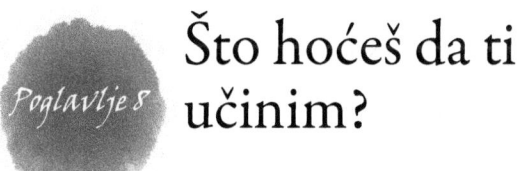

Poglavlje 8

> Kada je Isus rekao,
> 'Što hoćeš da ti učinim?'
> to je bilo kao da On govori sa izvornim glasom.

Primiti odgovor kroz izvorni glas

Vjerovati Isusu iz dubine srca

Zavapiti kada pitamo Boga

Savršena vjera koja se ne koleba

Odbaci svoju haljinu

Bog čuje ispovijed vjere

*'Što hoćeš da ti učinim?' A on će:*
*'Gospodine, da progledam.'*
───────────────

(Po Luki 18:41)

Čak i oni koji dođu u crkvu prvi puta mogu svejedno primiti odgovore na bilo koju vrstu problema ako samo vjeruju Bogu sa svojim unutarnjim srcem. To je zbog toga što je Bog naš Otac koji želi dati dobre stvari Svojoj djeci, kao što je zapisano po Mateju 7:11, "Kad dakle vi, koji ste zli, znate dobre dare davati djeci svojoj, koliko će više Otac vaš nebeski dati dobra onima, koji ga za to mole!"

Razlog zašto je Bog postavio uvjete za primanje odgovora u Svojoj pravdi je da bi dopustio Svojoj voljenoj djeci primiti obilne blagoslove. Bog nije postavio uvjete da bi rekao, "Ne mogu ti dati jer nisu uspio doći do standarda."

On nas uči putem primanja odgovara na želje našeg srca, financijskih problema, obiteljskih problema ili problema bolesti. I, da bismo primili takve odgovore u Božjoj pravdi, vjera i poslušnosti su najvažniji.

### Primiti odgovor kroz izvorni glas

Po Luki poglavlje 18, mi čitamo u detalje o slijepom čovjeku koji je primio svoj odgovor kada je Isus progovorio sa izvornim glasom. On je čuo da Isus prolazi dok je prosio na ulici i on je pozvao sa glasnim glasom. "Isuse, Sine Davidov, imaj milosti na mene!" Oni koji su vodili put su mu strogo govorili da bude tiho; ali on je zavapio još više, "Sine Davidov, smiluj mi se."

I Isus je stao i zapovjedio da ga dovedu; i On ga je pitao, "Što hoćeš da ti učinim?" I on je rekao, "Gospodine, da progledam." A

Isus mu reče: "Idi, vjera te je tvoja ozdravila." Čim je to Isus rekao, nevjerojatan rad se dogodio. Odmah mu se vid obnovio. I kada su to ljudi vidjeli, oni su davali hvalu Bogu. Kada je ga je Isus pitao, "Što hoćeš da ti učinim?" On je govorio izvornim glasom. Kada je slijepac rekao, "Gospodine, da progledam" i kad je Gospod rekao, "...vjera te je tvoja ozdravila" to je ponovno bio izvorni glas.

"Izvorni Glas" je glas Boga koji je On izgovorio kada je On stvorio neba i zemlju i sve stvari u njima sa Svojom Riječi. Taj slijepi čovjek je mogao obnoviti vid kada je Isus govorio izvornim glasom jer je postigao određene uvjete da bi primio odgovore. Od ove točke dalje, ispitajmo u detalje kako je taj slijepi čovjek primio svoje odgovore.

### Vjeruj Isus iz dubine srca

Isus je išao u sela i gradove, širio je evanđelje kraljevstva neba i potvrdio Svoju Riječ sa znamenjima i čudima koja su slijedila. Invalidi su prohodali, gubavci su ozdravili i oni koji su imali smanjen sluh ili vid su mogli ponovno vidjeti i čuti. Oni koji nisu mogli pričati su počeli pričati, a demoni su istjerani. Jer se vijest o Isusu naveliko proširila, svjetina se skupljala oko Isusa gdje god je On išao.

Jedan dan, Isus je otišao u Jerihon. Kao i obično, mnogo ljudi se okupilo oko Isusa i slijedilo Ga. U to vrijeme, slijepac koji je sjedio na cesti i prosio čuo je svjetinu koja prolazi i pitao ljude što se događa. Netko mu je rekao, "Isus Nazarećanin prolazi." Onda je taj slijepac, bez ustručavanja, povikao, "Isuse, Sine Davidov, smiluj mi se!" Razlog zašto je mogao povikati na taj način je zbog toga što je on vjerovao da mu Isus zasigurno može obnoviti vid. Isto tako, zaključeno je da on vjeruje u Isusa kao Spasitelja iz činjenice da je povikao, "Isuse, Sine Davidov." To je zbog toga što su svi ljudi u Izraelu znali da će Mesija doći iz Davidove obitelji. Pravi razlog zašto je slijepac mogao primiti odgovore je zbog toga što je vjerovao i prihvatio Isusa kao Spasitelja. On je također vjerovao bez pitanja da će ga Isus ozdraviti.

Iako je on bio slijep i nije mogao ništa vidjeti, on je čuo puno vijesti o Isusu. On je čuo da se osoba imenom Isus pojavila i da On ima jako puno čudesne moći sa kojom On rješava bilo kakav problem koji drugi ljudi ne mogu riješiti.

Kao što je rečeno u Poslanici Rimljanima 10:17, "Dakle: vjera po poruci," taj slijepac je dobio vjeru sa kojom je mogao primiti znamenja ako samo dođe pred Isusa. On je mogao vjerovati kada je čuo zbog toga što je on imao relativno dobro srce.

Isto tako, ako imamo dobro srce, lakše nam je imati duhovnu vjeru kada čujemo evanđelje. Evanđelje je "dobra vijest", a vijesti o Isusu su također bile dobre vijesti. Pa oni sa dobrim srcima samo prihvaćaju dobre vijesti. Na primjer, kada netko kaže, "Ja sam ozdravljen od neizlječive bolesti kroz molitvu," oni sa dobrim srcima će se radovati sa njim. Čak i ako potpuno ne vjeruju, oni će misliti, "To je jako dobra stvar ako je istina."

Što su ljudi zločestiji, to više sumnji imaju i ne pokušavaju vjerovati. Neki čak i sude i osuđuju govoreći, "Oni izmišljaju da bi prevarili ljude." Ali ako kažu da su radovi Duha Svetog koje je Bog prikazao lažni i izmišljeni, onda je to huljenje Duha Svetog.

Po Mateju 12:31-32, kaže, "Zato vam kažem, Svaki grijeh i psovka oprostit će se ljudima. Ali psovka na Duha neće se oprostiti. Tko rekne riječ na Sina čovječjega, oprostit će mu se. A tko rekne riječ na Duha Svetoga, neće mu se oprostiti ni na ovom ni na onom svijetu."

Ako osuđuješ crkvu koja prikazuje radove Duha Svetog ti se moraš pokajati. Samo tada će se zid grijeha između Boga i tebe srušiti i ti ćeš moći primiti odgovore.

1. Ivanova poslanica 1:9 kaže, "Ako priznamo grijehe svoje, vjeran je on i pravedan: otpustit će nam grijehe i očistiti nas od svake nepravde." Ako imaš nešto za što se trebaš pokajati, ja se nadam da ćeš se temeljito pokajati pred Bogom sa suzama i hodati samo u Svijetlu.

### Zavapiti kada pitamo Boga

Kada je slijepac čuo da Isus prolazi, on je zavapio, govoreći, "Isuse, Sine Davidov, smiluj mi se!" On je zavapio Isusu sa glasnim glasom. Zašto je morao zavapiti sa glasnim glasom?

Postanak 3:17 govori, Adamu reče: "Jer si popustio molbi

žene svoje i jeo s drveta, za koje sam ti zapovjedio: 'Ne smiješ jesti s njega', to neka je prokleta zemlja zbog tebe; s mukom ćeš se od nje hraniti sve dane života svojega."

Prije nego je prvi čovjek Adam jeo sa stabla spoznaje dobra i zla, ljudi su mogli jesti što je Bog pripremio koliko god su željeli. Međutim, nakon što je Adam prekršio Božju Riječ i jeo sa stabla, grijeh je ušao u čovjeka i mi smo postali ljudi tijela. Od tada, mi možemo jesti samo kroz bolan trud.

To je pravda koju je Bog postavio. Prema tome, samo sa znojem našeg čela mi možemo primiti odgovore od Boga. Prvenstveno, mi se moramo truditi u našim molitvama sa svim našim srcem, umom i dušom, te zavapiti da bismo primili odgovore.

Jeremija 33:3 kaže, "Zazovi me, i odgovorit ću ti i pokazat ću ti velike, nevjerojatne stvari, za koje nijesi znao." Po Luki 22:44 kaže, "Molio se jako revno, i Njegov se znoj pretvorio u kapljice krvi, padajući na pod."

Isto tako, po Ivanu 11, kada je Isus oživio Lazara koji je bio mrtav četiri dana, On je zavapio sa glasnim glasom, "Lazare, izađi!" (Po Ivanu 11:43) Kada je Isus prolio Svu svoju vodu i krv i udahnuo posljednji puta na križu, On je, zavapio sa glasnim glasom i rekao, "Oče, u ruke tvoje predajem duh svoj" (Po Luki 23:46).

Jer je On došao na ovu zemlju u ljudskom tijelu, čak i bezgrešni Isus je zavapio sa glasnim glasom, tako da je to bilo prema Božjoj pravdi. Kako bismo, onda, mi koji smo Božja stvorenja, samo sjedili i molili se na lak način bez glasnih povika da bismo primili odgovore na probleme koji se ne mogu riješiti sa ljudskom sposobnosti? Prema tome, drugi razlog zašto je slijepac mogao primiti odgovore je taj što je zavapio glasnim glasom, a to je bio način koji je u skladu sa Božjom pravdom.

Jakov je primio blagoslove Boga jer se molio dok se zglob njegovog bedra nije iščašio (Postanak 32:24-30). Dok nije bilo kiše koja bi okončala tri i pol godine dugu sušu, Ilija se molio tako iskreno da je njegova glava postavljena između njegovih nogu (1. Kraljevima 18:42-46). Mi možemo brzo primiti odgovore tako da pomaknemo Božje srce kada se molimo sa svom našom snagom, vjerom i ljubavi.

Zavapiti u molitvi ne znači da moramo vikati sa napornim glasom. Možeš pogledati ispravne način molitve i put do primanja Božjih odgovora u knjizi, "Bdijte i molite se."

### Savršena vjera koja se ne koleba

Neki ljudi kažu, "Bog zna čak i najdublje dijelove tvojeg srca, pa ne moraš zavapiti u molitvi." Ali to nije istina. Slijepcu je strogo rečeno da bude tiho, ali on je nastavio još više vikati.

On nije slušao ljude koji su mu govorili da bude tiho, nego je on vikao još više prema pravdi Boga sa još strastvenijim srcem. Njegova vjera u tom trenutku je bila savršena vjera sa kojom je on mogao biti promijenjen. I treći razlog zašto je on primio odgovore je zbog toga što je on pokazao svoju vjeru koja je bila nemijenjajuća u bilo kojoj situaciji.

Kada su ga ljudi korili, da se slijepac uvrijedio i ušutio, on ne bi obnovio svoj vid. Međutim, jer je on imao tako čvrstu vjeru da će mogu progledati jednom kada sretne Isusa, on nije mogao propustiti niti trenutka usprkos prekorima ljudi. To nije bio trenutak da bi pokazao svoj ponos. Ili nije mogao pokleknuti bilo kojoj vrsti poteškoće. On je nastavio iskreno vikati dok u konačnici nije primio odgovor.

Po Mateju poglavlje 15 je događaj kaananske žene koja je došla sa poniznim srcem pred Isusa da bi primila odgovor. Kada je Isus otišao u Tir i Sidon, žena je došla pred Njega i pitala Ga da otjera demona koji joj je zaposjeo kćer. Što joj je Isus rekao? On je rekao, "Nije pravo oduzeti kruh djeci i baciti ga psićima". Djeca se odnose na ljude Izraela a kaananska žena se odnosila na psa.

Obični ljudi bi bili jako uvrijeđeni sa takvom izjavom i otišli bi. Ali ona je bila drugačija. Ona je ponizno pitala za milost govoreći, "Da, Gospodine! Ali psići jedu od mrvica što padaju sa stola njihovih gospodara". Isus je bio pokrenut i rekao je, "O ženo! Velika je vjera tvoja! Neka ti bude kako želiš." Njena kći je odmah ozdravila. Ona je primila odgovor jer je odbacila sav svoj ponos i potpuno se ponizila.

Međutim, mnogi ljudi, iako dođu pred Boga da bi riješili veliki problem, samo se vrate ili se ne pouzdaju u Boga, samo zato što su im osjećaji malo povrijeđeni. Ali ako stvarno imaju vjeru da im se riješi bilo kakav težak problem, onda sa poniznim srcem, oni moraju samo nastaviti pitati Boga za Njegovu milost.

## Odbaci svoju haljinu

Kada je Isus otišao u Jerihon u to vrijeme, On je otvorio oči slijepom čovjeku i po Marku 10:46-52 mi čitamo da je Isus otvorio oči još jednom slijepom čovjeku. Taj slijepi čovjek je bio Bartimej. On je također zavapio sa glasnim glasom nakon što je čuo da Isus prolazi. Isus je rekao ljudima da ga dovedu i mi moramo obratiti pozornost na to što je učinio. Po Marku 10:50, "Tada on zbaci sa sebe haljinu svoju, skoči i pohrli k Isusu." To je razlog zašto je on mogao primiti odgovor: on je odbacio svoju haljinu i došao Isusu.

Što je onda, duhovno značenje skriveno u odbacivanju svoje haljine koji je bio jedan od uvjeta primanja odgovora? Haljina prosjaka je morala biti prljava i smrdljiva. Ali to je bila jedina imovina prosjaka sa kojom je mogao zaštiti svoje tijelo. Ali Bartimej je imao dobro srce pa on nije mogao doći pred Isusa sa prljavom i smrdljivom haljinom.

Isus, kojeg je išao susresti, je bio tako sveta i čista osoba. Slijepac je znao da je Isus bio tako dobra osoba koja je davala milost ljudima, ozdravljala ih i davala nadu siromašnima i bolesnima. Pa je on slušao glas svoje savjest da je on nije mogao otići pred Isusa sa prljavom i smrdljivom haljinom. On je poslušao glas i odbacio ju.

To je bilo prije nego je Bartimej primio Duh Sveti, tako da

je on slušao glas svoje dobre savjesti i poslušao. Prvenstveno, on je odmah odbacio svoju najvrjedniju imovinu, svoju haljinu. Drugo duhovno značenje je da je haljina naše srce koje je prljavo i odvratno smrdi. To je srce neistine kao što je ponos, arogancija i sve druge prljave stvari.

To podrazumijeva da, da bismo sreli Boga koji je svet, mi prvo moramo odbaciti sve prljave i smrdljive grijehe koji su kao prljava haljina prosjaka. Ako stvarno želiš primiti odgovore, ti moraš slušati glas Duha Svetog kada te Duh Sveti podsjeća na tvoje prošle grijehe. I, moraš se pokajati od svakog od njih. Trebao bi poslušati bez oklijevanja kada ti glas Duha Svetog kaže- na isti način kako je to slijepac Bartimej učinio.

### Bog čuje ispovijed vjere

Isus je konačno odgovorio tom slijepom čovjeku koji ga je pita sa punim uvjerenjem vjere. Isus ga upita: "Što hoćeš od mene?" Nije li Isus znao što slijepac želi od njega? Naravno da je On znao, ali razlog zašto je On pitao je zbog toga što mora postojati ispovijed vjere. To je Božja pravda da mi moramo učiniti ispovijed naše vjere sa usnama da bismo zapravo primili odgovor.

Isus je pitao slijepog čovjeka "Što hoćeš od mene?" jer je on morao ostvariti uvijete da bi mogao primiti odgovor. I on je odgovorio, "Učitelju moj, da progledam" i dano mu je. Isto tako, ako mi samo ostvarimo uvijete prema pravdi Boga, mi možemo primiti sve što pitamo.

Znate li priču o čarobnoj Aladinovoj lampi? Pretpostavimo da ako protrljaš lampu tri puta, div će izaći iz lampe i ostvariti tvoje tri želje. Iako je ovo samo priča koju su ljudi izmislili, mi imamo još čudesniji i moćniji ključ za odgovore. Po Ivanu 15:7 Isus je rekao, "Ako ostanete u meni, i riječi moje ostanu u vama, štogod hoćete, tražite, i bit će vam."

Vjeruješ li u moć svemogućeg Boga Oca koji je svemoguć? Onda, ti možeš samo ostati u Gospodu i dopustiti da Riječ ostane u tebi. Ja se nadam da ćeš ti biti jedno sa Gospodom kroz vjeru i poslušnost, tako da ćeš moći hrabro ispovijedati svoje želje i primiti ih kada je izgovoren izvorni glas.

Gospođa Akiyo Hirouchi (Maizuru, Japan)

# Atrijski septalni defekt moje unuke je ozdravljen!

Na početku 2005. blizanke su rođene u našoj obitelji. Ali nakon oko 3 mjeseca, druga blizanka je imala poteškoće pri disanju. Dijagnosticirali su joj atrijski septalni defekt sa oko 4,5 mm rupicom u njenom srcu. Ona nije mogla držati glavu mirnom niti je mogla sisati mlijeko. Mlijeko joj se morao dostavljati kroz nos sa cjevčicom. Bila je kritično i pedijatar iz Kyoto sveučilišne bolnice je došao sve do Maizuru dječje bolnice. Bebino tijelo je bilo preslabo da bi se prebacila do sveučilišne bolnice koja je bila poprilično udaljena. Pa je ona morala primati tretman u lokanoj bolnici.

Pastor Keontae Kim iz Osake i Maizuru Manmin crkva su se molili za nju sa rupcem na kojem se velečasni Jaerock Lee molio. Isto tako, on je poslao molitveni zahtjev glavnoj crkvi u Seulu zajedno sa njenom fotografijom.

Nisam bila u situaciji gdje bih mogla prisustvovati službi na

internetu, pa smo mi snimili cijelonoćnu službu petkom Manim Centralne Crkve 10. lipnja 2005. i onda se cijela obitelj okupila da bi primila molitvu velečasnog Lee-a.

"Bože Oče, izliječi je nadilazeći prostor i vrijeme. Položi Svoje ruke na Miki Yunu, unuku Hirouchi Akiyo u Japanu. Atrijski septalni defektu odlazi! Izgori sa vatrom Duha Svetog i ozdravi!"

Slijedeći dan, 11. lipnja, čudesna stvar se dogodila. Beba koja nije mogla disati sa vlastitom snagom, ali joj je postalo bolje i mogli su je maknuti sa respiratora.

"To je čudo što se beba tako brzo oporavila!" Doktor je bio začuđen.

Od tada, beba raste jako dobro. Ona je bila teška samo 2.4 kg ali unutar 2 mjeseca od kada je primila molitvu, težina joj je bila 5 kg! I njen glas je plakao puno snažnije. Videći to čudo iz prve ruke, ja sam se registrirala u Manmin Centralnu Crkvu u kolovozu 2005. Shvatila sam da je On dopustio božanstveno ozdravljenje znajući da ću ja povjerovati u Njega kroz čudo.

Kroz tu milost, ja sam revno radila na uspostavljaju Manmin crkve u Maizuru. Tri godine nakon otvaranja, crkveni članovi i ja smo prinosili Bogu da bismo kupili prekrasnu zgradu svetišta.

Danas, ja izvršavam mnoge volonterske radove za kraljevstvo Boga.

Ja sam zahvalna, ne samo za milost ozdravljivanja moje unuke, nego također za milost Boga koji me vodio do puta pravog života.

*- Izvod iz Izvanrednih stvari -*

# "Bit će učinjeno za tebe kao što si vjerovao"

> Izvorni glas koji proizlazi
> iz Isusovih usta
> prolazi kroz zemlju
> i dolazi do kraja svijeta,
> prema tome prikazuje Svoju moć
> koja nadilazi vrijeme i prostor.

Sva bića slušaju izvorni glas

Ljudi ne mogu čuti izvorni glas

Razlog zašto oni ne dobivaju odgovore

Centurion ima dobro srce

Centurion je iskusio čudo koje nadilazi prostor i vrijeme

Moćni radovi nadilaze vrijeme i prostor

*"Stoga mu Isus odgovori, 'Idi; neka ti bude, kako si vjerovao!'*
*Onda, njegov sluga je ozdravio tog trena."*

(Po Mateju 8:13)

Kada su oni u agoniji ili u poteškoćama gdje se čini da nema izlaza, mnogi ljudi osjete da je Bog jako daleko od njih ili je okrenuo Svoje lice od njih. Neki od njih čak i sumnjaju misleći, "Znali bi Bog uopće da sam ja tu?" ili "Sluša li Bog moje molitve kada se molim?" To je zbog toga što nemaju dovoljno vjere u svemogućeg i sveznajućeg Boga.

David je prošao kroz mnogo poteškoća u životu a ipak je ispovjedio, "Ako se na nebo popnem, ondje si, ako u Podzemlje legnem, i ondje si. Uzmem li krila zorina pa se naselim moru na kraj i ondje bi me ruka tvoja vodila, desnica bi me tvoja držala" (Psalam 139:8-10).

Jer Bog vlada nad cijelim svemirom i svim stvarima u njima izvan prostora i vremena, fizička udaljenost koju ljudska bića osjećaju nema nikakve posljedice na Boga.

Izaija 57:19 kaže, "stavit ću hvalu na usne njihove Mir, mir onom tko je daleko i tko je blizu,' govori Jahve, 'ja ću te izliječiti.'" Ovdje, "stavit ću hvalu na usne njihove" znači da će se riječ koju je Bog izrekao zasigurno ispuniti, kao što je rečeno u Brojevima 23:19.

Izaija 55:11 također kaže, "tako se riječ koja iz mojih usta izlazi ne vraća k meni bez ploda, nego čini ono što sam htio i obistinjuje ono zbog čega je poslah."

### Sva bića slušaju izvorni glas

Bog Stvoritelj je stvorio neba i zemlju sa Svojim izvornim glasom. Prema tome, sve što je stvoreno sa izvornim glasom sluša izvorni glas čak i ako nisu živi organizmi. Na primjer, danas mi imamo uređaje koji prepoznaju glas koji odgovaraju samo na određeni glas. Na isti način, izvorni glas je utkan u sve stvari u svemiru, tako da one slušaju kada je izvorni glas izgovoren. Isus, koji je sama priroda Boga, je također govorio izvornim glasom. Po Marku 4:39 kaže, "On se probudi, zaprijeti vjetru i reče moru: 'Utihni! Umukni!' I smiri se vjetar i nasta velika utiha." Čak i more i vjetar koji nemaju uši ili život slušaju izvorni glas. Što bi onda, ljudsko biće koje ima uši i razum trebalo činiti? Mi bismo očito trebali slušati. Ali onda, koji je razlog zašto ljudi ne slušaju?

Na primjeru uređaja koji prepoznaje glas, pretpostavimo da postoji sto uređaja te vrste. Vlasnik uređaja je postavio uređaje da se pokrenu kada čuju glas "Da." Ali netko je promijenio postavke na 40 uređaja. On je postavio 40 uređaja da se pokrenu kada čuju "Ne." Onda, tih 40 uređaja nikad se neće pokrenuti kada vlasnik kaže "Da." Na isti način, pošto je Adam zgriješio, ljudi ne mogu čuti izvorni glas.

### Ljudi ne mogu čuti izvorni glas

Adam je zapravo stvoren kao živi duh, te je čuo i slušao samo Božju Riječ, istinu. Bog Otac je naučio Adama samo duhovnom znanju, koje su same riječi istine, ali pošto je Bog dao Adamu slobodnu volju bilo je na Adamu odluka hoće li slušati istinu ili ne. Bog nije želio djecu koja su kao roboti koji bi bezuvjetnu slušali svo vrijeme.

On je želio djecu koja će dragovoljno slušati Njegovu Riječ i voljeti Ga sa pravim srcima. Međutim, nakon što je prošlo dugo vremena, Adama je Sotona potaknuo i on je prekršio Božju Riječ.

Poslanica Rimljanima 6:16 piše, "Ne znate li, da kojemu dajete sebe za sluge u pokornost, sluge ste onoga, kojemu se pokoravate, ili grijeha za smrt, ili pokornosti za pravdu?" Kao što je rečeno, Adamovi potomci su postali sluge grijeha i neprijatelja vraga i Sotone, zbog svojeg neposluha.

Sada im je suđeno misliti, govoriti i djelovati kao što je Sotona zamislio i oni će dodavati grijeh na grijeh i u konačnici pasti u smrt. Međutim, Isus je došao na ovu zemlju u providnosti Boga. On je umro kao umilostivljanje za otkup svih grešnika i On je uskrsnuo.

Iz tog razloga, Poslanica Rimljanima 8:2 piše, "Ta zakon Duha života u Kristu Isusu oslobodi me zakona grijeha i smrti." Kao što je rečeno, oni koji vjeruju u Isusa Krista u svojim srcima i hodaju u Svijetlu više nisu sluge grijeha.

To znači da im je omogućeno čuti izvorni glas Boga kroz svoju vjeru u Isusa Krista. Prema tome, oni koji čuju i slušaju mogu primiti odgovore na sve što pitaju.

## Razlog zašto oni ne dobivaju odgovore

Sada, neki ljudi mogu pitati, "Ja vjerujem u Isusa Krista i oprošteni su mi grijesi, a zašto ne mogu biti ozdravljen?" Onda, ja bih htio postaviti ovo pitanje: Do koje mjere slušaš Božju Riječ u Bibliji?

Kada si ispovjedio da vjeruješ u Boga, nisi li volio svijet, varao druge, ili činio loše stvari baš kao sekularni ljudi? Želio bih da se provjeriš jesi li držao nedjelje svetima, davao ispravnu desetinu i slušao sve Božje zapovijedi koje nam govore da činimo, ne činimo, držimo ili odbacimo određene stvari.

Ako uvjereno možeš reći da na pitanja iznad, ti ćeš primiti odgovore na sve što pitaš. Čak i ako je tvoj odgovor odgođen, ti samo moraš davati hvalu iz dubine svojeg srca i pouzdati se u Boga bez oklijevanja. Ako pokažeš svoju vjeru na taj način,

Bog se neće ustručavati dati ti odgovore. On će izreći izvornim glasom i reći, "Bit će učinjeno kao što si vjerovao," i zapravo će biti učinjeno prema tvojoj vjeri.

## Centurion ima dobro srce

Po Mateju poglavlje 8 postoji događaj o rimskom centurionu koji je primio odgovore kroz vjeru. Kada je došao Isusu, bolest njegovog sluge je izliječena kroz izvorni glas koji je Isus izgovorio. U to vrijeme, Izrael je bio pod vladavinom Rimskog carstva. Postojali su zapovjednici tisuća, stotina, pedesetina i desetina u rimskoj vojsci. Njihova titula je bila prema broju vojnika koje su imali pod svojim zapovjedništvom. Jedan od njih koji su zapovijedali stotinom vojnika, centurion, je bio u izraelskom Kafarnaumu. On je čuo vijesti o Isusu da On uči ljubav, dobrotu i milost.

Isus je učio po Mateju 5:38-39, "Čuli ste da je rečeno: Oko za oko, zub za zub! A ja vam kažem, ne opirite se zlu, nego ako te tko udari po desnom obrazu, obrni mu i drugi."
Isto tako, On je rekao po Mateju 5:43-44, "Čuli ste, da je bilo rečeno: Ljubi bližnjega svojega i mrzi na neprijatelja svojega! A ja vam kažem: Ljubite neprijatelje svoje i molite se za one, koji vas progone!" Oni koji su dobrog srca će biti pokrenuti kada čuju takve riječi dobrote.

Ali centurion je također čuo da Isus nije samo učio dobrotu nego je također prikazivao znamenja i čuda koja se nisu mogla ostvariti sa ljudskim sposobnostima. Vijesti su bile da su gubavci, koje se smatralo prokletima, biti ozdravljeni, slijepi su progledali, nijemi su počeli pričati a gluhu su počeli čuti. Nadalje, šepavi su počeli hodati i skakati a bogalji su također prohodali. I centurion je samo povjerovao tim riječima takve kakve su.

Ali različiti ljudi su različito reagirali prema takvim vijestima o Isusu. Kada su vidjeli Božje radove, prvi tip ljudi nema shvaćanje. Zbog njihovih čvrsto postavljenih sebičnih okvira vjere, umjesto da prihvate i vjeruju, oni sude i osuđuju.

Farizeji i pismoznanci, koji su imali stečena prava, su bili taj tip. Po Mateju 12:24 zapisano je da su oni čak pričali o Isusu govoreći, "Ne može ovaj izgoniti đavle osim po Beelzebulu, poglavici đavolskom." Oni su govorili zle riječi sa svojim duhovnim neznanjem.

Drugi tip ljudi je vjerovao da je Isus jedan od velikih proroka i slijedili su Ga. Na primjer, kada je Isus podigao mladića od mrtvih, ljudi su rekli, "Sve obuze strah te slavljahu Boga govoreći: 'Prorok velik usta među nama! Pohodi Bog narod svoj!'" (Po Luki 7:16)

Sad, treće, postoje ljudi koji su shvatili u svojim srcima i vjeruju da je Isus Sin Boga koji je došao na ovu zemlju da bi postao Spasitelj za sve ljude. Čovjek koji je slijep od rođenja otvorio je oči nakon susreta sa Isusom. On je rekao, "Odvijeka se nije čulo da bi tko otvorio oči slijepcu od rođenja. Kad ovaj ne bi bio od Boga, ne bi mogao činiti ništa" (Po Ivanu 9:32-33).

On je shvatio da je Isus došao kao Spasitelj. On je ispovjedio, "Gospode, ja vjerujem" i on je slavio Isusa. Isto tako, oni koji imaju dobro srce koje može prepoznati nešto dobro mogu shvatiti da je Isus Sin Boga samo jer su vidjeli što Isus čini.

Po Ivanu 14:11 Isus kaže, "Vjerujte mi: ja sam u Ocu i Otac u meni. Ako ne inače, zbog samih djela vjerujte." Da si živio u vrijeme Isusa, kakvoj vrsti ljudi misliš da bi pripadao? Centurion je bio jedan od ljudi koji pripada trećem tipu. On je vjerovao u vijesti o Isusu takve kakve su i on je otišao pred Njega.

## Centurion je iskusio čudo koje nadilazi prostor i vrijeme

Koji je razlog zašto je centurion primio odgovor koji je želio, odmah nakon što je čuo kako Isus govori, "Idi, neka ti bude kako si vjerovao"? Možemo vidjeti da je centurion vjerovao Isusu sa svim svojim srcem. Mogao je poslušati sve što mu je Isus rekao. Ali najvažnija stvar o tome je da je centurion došao pred Isusa sa pravom ljubavi za duše.

Po Mateju 8:6 kaže, "Gospodine, sluga mi leži kod kuće uzet, u strašnim mukama." Taj centurion je došao pred Isusa i nije pitao za svoje roditelje, rođake ili čak za svoju djecu, nego sa svojeg slugu. On je uzeo bol svojeg sluge kao svoju bol i došao pred Isusa, i kako Isus nije mogao biti pokrenuti sa njegovim dobrim srcem?

Paraliza je ozbiljno stanje koje se ne može lako izliječiti čak i sa najboljim medicinskim tretmanom. Osoba se ne može slobodno pomicati svoje ruke i noge, pa treba pomoć drugih. Isto tako, u nekim slučajevima osobi je potrebna pomoć drugih prilikom pranja, jela ili promijene odjeće.

Ako bolest ustraje dugo vremena, jako je teško pronaći osobu koja se može brinuti za bolesnu osobu sa ljubavi i samilosti, kao što korejska poslovica kaže, "Nema predanih sinova u dugoj bolesti." Nema mnogo onih koji mogu voljeti članove svoje obitelji kao sami sebe.

Međutim, ponekad se cijela obitelj cijela obitelj iskreno moli za njih sa ljubavi, mi možemo vidjeti one koji su otišli izvan limita života kako postaju bolje ili primaju odgovor na jako težak problem. Njihova molitva i djela ljubavi pomiču srce Boga Oca tako puno da im Bog pokazuje ljubav koja ide izvan Njegove pravde.

Centurion je imao tako potpuno povjerenje u Isusa da je On mogao ozdraviti njegovog slugu. On je pitao Isusa i dobio odgovor.

Drugi razlog zašto je centurion mogao primiti odgovor je zbog toga što je pokazao savršenu vjeru i volju potpuno slušati Isusa.

Isus je vidio da je centurion volio svojeg slugu kao samog sebe i rekao mu, "Ja ću doći izliječiti ga." Ali centurion je rekao po Mateju 8:8, "Gospodine, nijesam dostojan, da uđeš pod krov moj; nego samo reci riječ, i ozdravit će sluga moj".

Za većinu ljudi, oni bi bili jako sretni jer će Isus doći u njihov dom. Ali za centuriona, on je hrabro ispovjedio kao što je iznad rečeno jer je imao pravu vjeru.

To je zbog toga što je on imao vrstu stava sa kojom bi slušao sve što je Isus rekao. Mi možemo vidjeti iz njegovih riječi po Mateju 8:9 koje kažu, "Ta i ja, premda sam čovjek pod vlašću, imam pod sobom vojnike pa reknem jednomu: 'Idi!' - i ode,

drugomu: 'Dođi!' - i dođe, a sluzi svomu: 'Učini to' - i učini."
Sada kad je to Isus čuo, On je vidio i rekao je onima koji su Ga slijedili, "Zaista, kažem vam, ni u koga u Izraelu ne nađoh tolike vjere."

Na isti način, ako učiniš ono što nam Bog kaže da učinimo, ne činimo što nam Bog kaže da ne činimo, držimo što nam Bog kaže da držimo i odbacimo ono što nam Bog kaže da odbacimo, ti možeš biti uvjeren i pitati za bilo što pred Bogom. To je zbog toga što 1. Ivanova poslanica 3:21-22 govori, "Ljubljeni, ako nas srce ne kori, imamo pouzdanje u Boga, i štogod molimo, primamo od njega, jer zapovijedi njegove držimo i činimo, što je njemu ugodno."

Centurion je imao savršenu vjeru u moć Isusa koji može ozdraviti samo koristeći Svoju Riječ. Iako je on bio centurion Rimskog carstva, on se ponizio i imao je volju potpuno slušati Isusa. Iz tih razloga, on je primio odgovor koji je želio.

Po Mateju 8:13 Isus je rekao centurion, "Idi, neka ti bude kako si vjerovao" i sluga je odmah ozdravio. Kada je Isus izgovorio izvornim glasom, odgovor je dan koji nadilazi prostor i vrijeme, baš kao što je centurion vjerovao.

### Moćni radovi nadilaze vrijeme i prostor

Psalam 19:4 kaže, "...al' po zemlji razliježe se jeka, riječi sve do nakraj svijeta sežu..." Kao što je rečeno, izvorni glas koji proizlazi iz Isusovih usta može doći do kraja svijeta, a Božja moć se može prikazati izvan prostora bez obzira na fizičku udaljenost.

Isto tako, jednom kad je izvorni glas izgovoren, on nadilazi vrijeme. Prema tome, čak i nakon nekog vremena, riječ je ostvarena jednom kad je naša lađa sprema primiti odgovor.

Tako mnogo radova Božje moći koji se događaju u ovoj crkvi je izvan vremena i prostora. U 1999. postojala je sestra pakistanske djevojčice koja mi je došla sa slikom njene sestre imena Cynthia. U to vrijeme, Cynthia je umirala od sužavanje debelog crijeva kao i od celijakije. Doktor je rekao da postoje male šanse za preživljavanje čak i sa operacijom. U toj situaciji, Cynthijina starija sestra je došla do mene sa sestrinom slikom da bi primila moju molitvu. Od trenutka kada sam se molio za Cynthiu, ona se jako brzo oporavila.

U listopadu 2003. žena pomoćnika pastora naše crkve je došla primiti moju molitvu na slici svojeg brata. Njen brat je imao problem jer se broj njegovih trombocita smanjivao. On je imao krv u mokraći, stolici, očima, nosu i ustima. Također je imao krv u plućima i crijevima. Samo je čekao smrt. Ali kada sam se ja molio sa rukama na njegovoj slici, broj trombocita je jako brzo narastao i on se vrlo brzo oporavio.

Ta vrsta radova izvan vremena i prostora se jako puno dogodila tijekom ruskog pohoda koji je održan u St. Petersburgu u studenom 2003. Pohod je emitiran kroz 12 satelita u više od 150 zemalja kroz Rusiju, Europu, Aziju, Sjevernu Ameriku i Latinsku Ameriku. Emitiranje je uključivalo Indiju, Filipine, Australiju, Sjedinjene Američke Države, Honduras i Peru. Isto tako, istodobni sastanci preko ekrana su se održavali u 4 druga ruska grada i u Kijevu, Ukrajina.

Bilo da su ljudi posjećivali sastanke pred ekranima ili su gledali na TV-u kod kuće, oni koji su slušali poruke i primili molitve sa vjerom su primili ozdravljenje u isto vrijeme i poslali su nam svjedočanstva kroz e- mailove i tako dalje. Iako nisu bili na istom fizičkom prostoru kada je izvorni glas izrečen, glas je radio i na njima jer su oni bili zajedno na istom duhovnom prostoru.

Ako samo imaš pravu vjeru i volju slušati Božju Riječ, pokazati svoja prava djela ljubavi kao centurion i vjerovati u moć Boga čiji radovi nadilaze vrijeme i prostor, ti možeš živjeti blagoslovljenim životom, primiti odgovore na sve što pitaš.

U Dvotjednom Stalnom Posebnom Susretu Oživljenja, koji se održavao 12 godina od 1993. do 2004. ljudi su ozdravljivani od raznih vrsta bolesti i primili su rješenja na brojne životne probleme. Drugi su vođeni do puta spasenja. Međutim, Bog nam je rekao da prestanemo sa tim susretima oživljenja nakon 2004. susreta oživljenja. To je bilo zbog još većeg skoka naprijed.

Bog mi je dopustio da počnem nova duhovna učenja i počeo mi je objašnjavati drugačije dimenzije duhovnog svijeta. Nisam u početku mogao shvatiti što to znači. Također su postojali potpuno novi termini. Ali ja sam samo slušao i počeo učiti vjerujući da ću jednog dana razumjeti.

Prije otprilike 30 godina, ja sam primio moć Boga kroz tako mnogo molitve i posta koji sam prinio od kad sam postao pastor. Morao sam se boriti protiv ekstremne vrućine i hladnoće tijekom 10, 21, 40 dana posta i molitve Bogu.

Ali duhovna učenja koja mi je Bog dao su bila neusporedivo bolniji trening nego ti prinosi. Morao sam pokušati shvatiti stvari o kojima nikad prije nisam čuo i morao sam se moliti kao Jakov na rijeci Jabok dok ih nisam shvatio.

Nadalje, ja sam također morao patiti od brojnih fizičkih uvjeta mojeg tijela. Baš kao što astronaut mora jako dobro trenirati da bi se prilagodio životu u svemiru, postoje različite stvari koje su se događale u mojem tijelu dok nisam došao do dimenzije na koju je Bog htio da dođem.

Ali prevladao sam svaki trenutak sa mojom ljubavi i vjerom u Boga i uskoro sam ostvario duhovno znanje o izvoru Boga Oca, o zakonu ljubavi i pravde, te mnogim drugima.

U dodatku, što sam se bliže približavao dimenziji za koju je Bog htio da dođem, moćniji radovi su se sve više događali. Brzina sa kojom su crkveni članovi primali blagoslove je postajala daleko brža, kao i brzina dobivanja božanstvenog ozdravljenja. Pojavljivao se sve više i više svjedočanstava iz dana u dan.

Bog želi ispuniti Svoju providnost na kraju vremena sa najvišom i najvećom moći koju ljudi ne mogu zamisliti. Iz tog razloga On je dao tu moć, tako da se Veliko Svetište može sagraditi kao arka spasenja koja će proglasiti slavu Boga, a evanđelje će se vratiti u Izrael.

Jako je teško propovijedati evanđelje u Izraelu. Oni tamo ne dopuštaju kršćansko okupljanje. To se može učiniti samo sa veličanstvenom moći Boga koja može čak i protresti svijet, a ta je dužnost dana našoj crkvi da propovijedamo evanđelje u Izraelu.

Ja se nadam da ćeš ti shvatiti da je vrijeme blizu da Bog ostvari i završi sve Svoje planove, pokušaj se ukrasiti kao Gospodova mlada i učini da je sve dobro sa tobom, čak i dok tvoja duša uspijeva.

*Primjeri Biblije III*

## Moć Boga koja posjeduje četvrto nebo

Četvrto nebo je prostor ekskluzivno za izvornog Boga. To je mjesto za Trojednog Boga i tu je sve moguće. Stvari su stvorene iz ničega. Kako Bog drži nešto u Svojem srcu to je onda napravljeno. Čak se i čvrsti objekt može slobodno pretvoriti u tekućinu ili plin.

Prostor koji ima takve karakteristike se naziva "prostor četvrte dimenzije."

Radovi koji koriste taj duhovni svijet četvrte dimenzije uključuju radove stvaranja, kontroliranje života i smrti, ozdravljanje i drugi radovi koji nadilaze vrijeme i prostor. Moć Boga koji posjeduje četvrto nebo se prikazuje i danas kao što je i jučer.

## 1. Radovi stvaranja

Rad stvaranja je stvaranje nečega po prvi puta koje prije nije postojalo. To je bio rad stvaranja kada je Bog stvorio neba i zemlju i sve stvari u njima u početku samo sa Svojom Riječi. Bog može prikazati sve radove stvaranja jer On posjeduje četvrto nebo.

### Isus prikazuje radove stvaranja

Mijenjanje vode u vino, po Ivanu poglavlje 2, je rad stvaranja. Isus je pozvan na svadbenu gozbu, a vina je nestalo.

Mariji je bilo žao zbog situacije i pitala je Isusa za pomoć. Isus je na početku odbio, ali Marija je svejedno imala vjere. Ona je vjerovala da će Isus pomoći domaćinu gozbe.

Isus je razmatrao Marijinu savršenu vjeru i rekao slugama da napune vrčeve vodom i odnesu ih do ravnatelja stola. On se nije molio ili zapovjedio da se voda pretvori u vino. On je to samo imao u Svojem srcu i voda se u šest vrčeva odmah pretvorila u kvalitetno vino.

## Radovi stvaranja kroz Iliju

Udovica iz Safrate u 1. Kraljevima poglavlje 17 je bila u jako teško situaciji. Zbog duge suše njena hrana je nestala i ona je imala samo malo brašna i malo ulja.

Ali Ilija ju je pitao da ispeče komad kruha i da mu, govoreći, "Jer ovako veli Gospod, Bog Izraelov: 'Brašna u ćupu neće nestati i krčag s uljem neće se isprazniti do onoga dana, kad Gospod opet pošlje dažd na zemlju.'" (1. Kraljevima 17:14). Udovica je poslušala Iliju bez izgovora.

Kao rezultat, ona i Ilija i njeno domaćinstvo su jeli mnogo dana, ali zdjelica sa brašnom nikad nije ostala prazna niti se bočica ulja ispraznila (1. Kraljevima 17:15-16). Ovdje, rad stvaranja se dogodio nad malo brašna i bočicom ulja koji se ne prazne.

## Radovi stvaranja kroz Mojsija

U Izlasku 15:22-23, mi pronalazimo da su sinovi Izraela prešli Crveno more i ušli u divljinu. Tri dana su prošla, ali oni nisu mogli pronaći nikakvu vodu. Oni su našli vodu Moraha, ali je bila gorka i ne pitka. Oni su počeli glasno prigovarati.

Kada se Mojsije molio Bogu, Bog mu je pokazao drvo. Kad je Mojsije to bacio u vodu, voda je postala slatka i pitka. To nije zbog toga što je drvo imalo neke elemente koji su mogli izvući gorčinu iz vode. To je Bog prikazivao radove stvaranja koji su se prikazali kroz Mojsijevu vjeru i poslušnost.

Lokacija Muan slatke vode.

## Muan Manmin Crkva je iskusila radove stvaranja

Bog nam još uvijek, čak i danas prikazuje radove stvaranja. Muan slatka voda je jedan takav rad. 4. ožujka 2000. ja sam se molio u Seulu da se slana voda Muan Manmin Crkve pretvori u slatku vodu i članovi crkve su potvrdili da je molitva dobila odgovor sutra dan, 5. ožujka.
Muan Manmin Crkva je okružena morem, pa su oni dobivali samo morsku vodu iz izvora. Morali su dobivati pitku vodu iz vodovoda koji se nalazio 3 km daleko. To im je bilo jako nezgodno.
Članovi Muan Manmin Crkve su se sjetili događaja Moraha u knjizi Izlaska i pitali su me da se molim sa vjerom tako da se slana voda može pretvoriti u slatku. Tijekom 10 dana molitve od 21. veljače ja sam se molio za Muan Manmin Crkvu. Članovi Muan Manmin Crkve su također postili i molili se za isto.
Tijekom moje planinske molitve ja sam se samo fokusirao na molitve i Riječ Boga. Moj trud i vjera članova Muan Manmin Crkve su ostvarili uvijete pravde Boga i tako veličanstven rad stvaranja se dogodio.
Sa duhovnim očima, osoba može vidjeti zraku svjetla koja dolazi od

trona Božjeg i dolazi sve do cijevi zdenca tako da kada slana voda prođe kroz zraku ona se pretvara u slatku vodu.
Ali ta Muan slatka voda nije samo pitka. Kada ju ljudi popiju ili primjene sa vjerom, oni primaju božansko ozdravljenje i odgovore na probleme prema njihovoj vjeri. Postoje nebrojena svjedočanstva takvih radova kroz Muan slatku vodu i mnogi ljudi oko svijeta dolaze posjetiti taj zdenac Muan Manmin Crkve.
Muan slatku vodu je testirala Administracija za hranu i lijekove Sjedinjenih Američkih Država i njena sigurnost i dobre kvalitete su potvrđene u pet kategorija mineralnih čimbenika, sadržaja teških metala, kemijskih ostataka, reakcija na koži i toksičnosti kroz pokusne miševe. Ona je posebno bogata mineralima i njen sadržaj kalcija je bio više od tri puta već od drugih poznatih mineralnih voda iz Francuske i Njemačke.

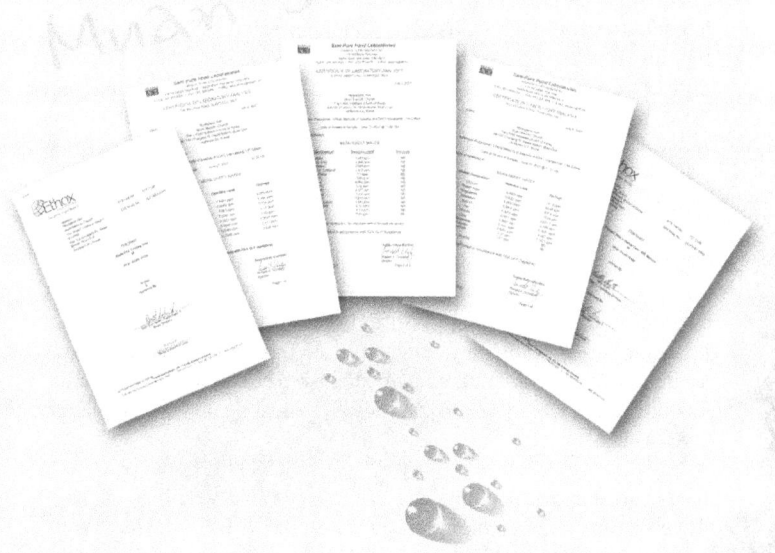

FDA (Administracija za hranu i lijekove) rezultati testa

## 2. Kontroliranje života

U prostoru četvrte dimenzije, koji ima karakteristike četvrtog neba, nešto mrtvo može primiti život, ili također nešto živo se može usmrtiti. To se primjenjuje na sve što ima život, bilo to biljke ili životinje. To je bio slučaj kada je Aaronov štap propupao. Bio je prekriven prostorom četvrte dimenzije. Pa, unutar dana suhi štap je propupao i izbacio pupoljke, procvjetao i rodio zrele bademe. Po Mateju 21:19 Isus je rekao smokvi koja nema plodove, "Ne bilo više ploda s tebe dovijeka!" Odmah usahnu smokva. To je također učinjeno nakon što ju je prostor četvrte dimenzije prekrio.
Po Ivanu 11, mi pronalazimo događaj gdje Isus oživljava Lazara koji je bio mrtav četiri dana i smrdio je. U Lazarovom slučaju, nije se samo njegova duša vratila, nego također njegovo tijelo koje je propadalo i moralo se obnoviti. To je bilo fizički nemoguće, ali njegovo tijelo se moglo obnoviti u trenutku u prostoru četvrte dimenzije.

U Manmin Centralnoj Crkvi, brat imenom Keonwi Park je potpuno izgubio vid u jednom oku, ali je ponovno progledao. On je otišao na operaciju kada je imao tri godine. Dogodile su se komplikacije i on je patio od ozbiljnog uveitisa i odvajanja mrežnice. Ako se mrežnica odvoji, ti ne možeš dobro vidjeti. Nadalje, on je također patio od phthisis bulbi, što znači smanjivanje očne jabučice. U konačnici 2006. on je potpuno izgubio vid u svojem lijevom oku.
Ali u srpnju 2007. godine on je dobio vid nazad kroz moju molitvu. Njegovo lijevo oko nije moglo uopće vidjeti svjetlo, ali kasnije je mogao vidjeti. Smanjena očna jabučica se također vratila na normalnu veličinu.
Vid u njegovom desnom oku je također bio loš, 0.1, ali kasnije se popravio na 0.9. Njegovo svjedočanstvo je uključeno sa svim medicinskim i bolničkim dokumentima u 5. međunarodnu konferenciju kršćanskih medicinskih doktora u Norveškoj. Na tu konferenciju je došlo preko 220 medicinskih stručnjaka iz 41 zemlje. Taj slučaj je odabran kao najzanimljiviji slučaj među predstavljenim slučajevima.

Ista se stvar može dogoditi i za drugo tkivo ili živce. Iako su živci ili ćelije mrtvi, oni se mogu vratiti u normalu ako ih prostor četvrte dimenzije prekrije. Fizički invaliditet se također može učiniti cijelim u prostoru četvrte dimenzije. Druge bolesti koje su uzrokovane klicama ili virusima kao što su AIDS, tuberkuloza, prehlada, ili

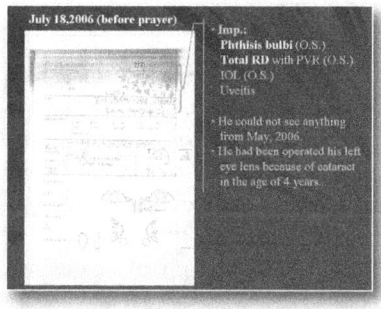
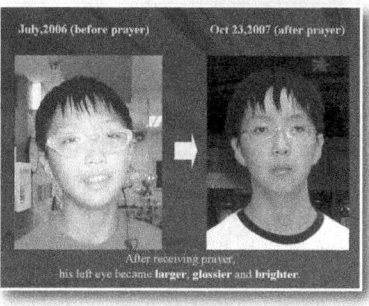

Slučaj Keonwi Park predstavljen na 5. WCDN konferenciji.

gripa, se mogu izliječiti u prostoru četvrte dimenzije. U takvim slučajevima, vatra Svetog Duha pali klice i viruse. I oštećeno tkivo će se obnoviti u prostoru četvrtog neba, te će se potpuno izliječiti. Čak i problemi neplodnosti, ako je organ ili dio organa koji ima problem popravljen u prostoru četvrte dimenzije, osoba može imati bebu. Da bismo mi bili ozdravljeni od bolesti ili slabosti sa moći Boga u prostoru četvrte dimenzije, mi prvo moramo susresti uvijete pravde Boga.

## 3. Radovi koja su nadilaze vrijeme i prostor

Moćni radovi koji se događaju u prostoru četvrte dimenzije se prikazuju nadilazeći vrijeme i prostor. To je zbog toga što prostor četvrte dimenzije sadrži i nadilazi sav prostor svih drugih dimenzija. Psalam 19:4 piše, "U sav svijet prodire povik njihov, riječ njihova do na kraj zemlje." To znači da je Riječ Božja izgovorena iz četvrtog neba ide do kraja svijeta.

Čak i ako su dvije točke na velikoj udaljenosti u prvom nebu, fizičkom prostoru, one su kao jedna pored druge u konceptu prostora četvrte dimenzije. Svjetlo putuje oko Zemlje sedam i pol puta u sekundi. Ali svjetlo moći Boga može doći čak do kraja svemira u trenutku. Prema tome, udaljenost u fizičkom svijetu nema značenja ili ograničenja u prostoru četvrte dimenzije.

Po Mateju poglavlje 8, centurion je pitao Isusa da mu ozdravi slugu. Isus je rekao da će ići s njim, ali je rekao, "Gospodine, nijesam dostojan, da uđeš pod krov moj; nego samo reci riječ, i ozdravit će sluga moj". Stoga mu Isus odgovori, "Idi; neka ti bude, kako si vjerovao!." Onda, njegov sluga je ozdravio tog trena.

Jer je Isus imao prostor četvrtog neba, bolesna osoba koja je bila na udaljenom mjestu je mogla biti ozdravljena samo sa Isusovom zapovijedi. Centurion je primio takav blagoslov jer je pokazao savršenu vjeru u Isusa. Isus je isto pohvalio njegovu vjeru govoreći. "Zaista, kažem vam, tolike vjere ne nađoh u Izraelu."

Čak i danas, za onu djecu koja su ujedinjena sa Bogom kroz savršenu vjeru, Bog će pokazati djela moći koja nadilaze vrijeme i prostor.

Cynthia u Pakistanu je umirala od celijakije. Lysanias u Izraelu je umirala od virusne infekcije. Ali one su ozdravljene kroz moć molitve koja nadilazi vrijeme i prostor. Robert Johnson u Sjedinjenim Američkim Državama je također primio ozdravljenje kroz moć molitve koja nadilazi vrijeme i prostor. Njegova ahilova tetiva je puknula i on nije mogao hodati zbog ozbiljne boli. Bez ikakvoga medicinskoga tretmana on se potpuno oporavio samo sa moći molitve koja nadilazi vrijeme i prostor. To je rad moći koji je prikazan u prostoru četvrte dimenzije.

Izvanredni radovi koji se događaju kroz rupce su također radovi koji nadilaze prostor i vrijeme. Čak i sa prolaskom vremena, sve dok je vlasnik rupca ispravan u vidu Boga, moć sadržana u njemu neće nestati. Prema tome, rubac na kojem se moli je jako vrijedan, jer može otvoriti prostor četvrte dimenzije bilo gdje.

Ali ako netko koristi rubac na bezbožan način bez imalo vjere, onda neće biti nikakvog Božjeg rada. Ne samo onaj koji se moli sa rupcem nego i onaj za kojeg se moli moraju biti u skladu sa pravdom. Mora vjerovati da rubac sadrži moć Boga bez ikakve sumnje.

U duhovnom svijetu, sve stvari su učinjene točno i precizno prema pravdi. Prema tome, vjera osobe koja se moli i vjera osobe za koju se moli se ispravno mjeri i radovi Boga će se prikazati prema tome.

# 4. Korištenje duhovnog prostora

Jošua 10:13 kaže, "...Tako stade sunce nasred neba i skoro cio dan nije htjelo da zađe." To se dogodilo kada se Jošua morao boriti protiv Amorejaca tijekom osvajanja Kanaanse zemlje. Kako vrijeme može stati cijeli dan u prvom nebu? Dan je period vremena koliko treba Zemlji da se rotira oko svoje osi. Prema tome, da bi vrijeme stalo, Zemljina rotacija mora stati. Ali ako se Zemljina rotacija zaustavi, to bi imalo katastrofalni utjecaj ne samo na samu Zemlju, nego i na mnoga druga nebeska tijela. Pa, kako je vrijeme moglo stati skoro cijeli dan? To je bilo moguće zbog toga što ne samo Zemlja nego je i cijelo prvo nebo bilo u toku vremena duhovnog svijeta. Tok vremena u drugom nebu je brži od onog u prvom nebu, a tok vremena u trećem nebu je brži od onog u drugom nebu. Ali tok vremena u četvrtom nebu može biti ili brži ili sporiji od drugih nebesa. Drugim riječima, tok vremena u četvrtom nebu može varirati ovisno o Božjim namjerama, kako On zamisli u Svojem srcu. On može proširiti, skratiti ili zaustaviti sam tok vremena.

U slučaju Jošue, cijelo prvo nebo je prekriveno sa prostorom četvrtog neba, a vrijeme se proširilo koliko je trebalo. U Bibliji, možemo vidjeti još jedan slučaj sužavanja protka vremena. To je bio slučaj kada je Ilija trčao brže od kočije kralja u 1. Kraljevima poglavlje 18.

Sužavanje vremena je suprotno od proširivanja protoka vremena. Ilija je samo trčao koliko je brzo mogao, ali zbog toga što je on bio u skraćenom vremenskom protoku on je mogao trčati brže od kraljeve kočije. Radovi stvaranja, oživljavanje mrtvi i radovi koji nadilaze vrijeme i prostor su učinjeni u toku vremena koje stoji. Zato je u fizičkom svijetu određeni rad učinjen odmah nakon zapovijedi ili čuvanja u srcu.

Pogledajmo što je bila kao "teleportacija" Filipa, u Djelima apostolskim poglavlje 8. Njega je Duh Sveti vodio da bi susreo etiopskog eunuha na putu koji se spušta od Jeruzalema do Gaze. Filip je propovijedao evanđelje Isusa Krista i krstio ga sa vodom.

Onda, Filip se odjednom pojavio u gradu Azotu. To je bila vrsta "teleportacije."

Da bi se ta teleportacija dogodila, osoba mora proći kroz duhovni prostor koji je formiran sa prostorom četvrte dimenzije, koji ima karakteristike četvrtog neba. U tom prostoru tok vremena je zaustavljen i zbog toga se čovjek u trenutku može pomicati preko velikih udaljenosti. Ako možemo iskoristiti taj duhovni prolaz, mi možemo čak kontrolirati vremenske prilike. Na primjer, pretpostavimo da postoje dva mjesta gdje ljudi pate od suše i poplave. Ako se kiša sa poplavljenog prostora može poslati na mjesto gdje je suša, problem oba mjesta se može riješiti. Čak i tajfuni i uragani se mogu pomaknuti kroz duhovni prolaz na mjesto koje nije naseljeno i neće uzrokovati nikakve probleme. Ako iskoristimo duhovni prostor, mi možemo kontrolirati ne samo tajfune nego i vulkanske erupcije i zemljotrese. To znači da mi možemo pokriti vulkan ili izvor zemljotresa sa duhovnim prostorom.
Ali sve te stvari su moguće samo kada je to ispravno prema pravdi Boga. Na primjer, da bismo zaustavili prirodnu katastrofu koja će pogoditi cijelu naciju, ispravno je da vođe države zatraže molitvu. Isto tako, čak i ako je duhovni prostor oblikovan, mi ne možemo ići potpuno protiv pravde prvog neba. Efekti duhovnog prostora će biti ograničena do mjere gdje prvo nebo neće patiti u kaosu nakon što je duhovni prostor podignut. Bog upravlja svim nebima sa Svojom moći i On je Bog ljubavi i pravde.

(Kraj)

# Autor:
# Dr. Jaerock Lee

Dr. Jaerock Lee je rođen u Muan, Jeonnam provinciji Republici Koreji u 1943. U svojim dvadesetim godinama sedam je godina patio od niza neizlječivih bolesti te je čekao smrt bez ikakve nade u oporavak. Međutim, jednoga dana u proljeće 1974. godine njegova ga je sestra dovela u crkvu i kada je kleknuo da moli, živi Bog ga je trenutno iscijelio od svih bolesti.

Od tog trenutka, kada se susreo s živim Bogom kroz to predivno iskustvo, Dr. Lee je volio Boga svim svojim srcem te je 1978. godine pozvan da bude Božji sluga. Žarko je molio te proveo mnogo vremena u postu kako bi mogao jasno razumjeti Božju volju, u potpunosti je provesti i biti poslušan Riječi Božjoj. Godine 1982. Osnovao je Manmin Central Church u Seulu u kojoj su se od tada dogodila nebrojena čudesna ozdravljenja te druga čuda i znakovi.

Godine 1986. Dr. Lee je zaređen za pastora Annual Assembly of Jesus Church u Koreji, a četiri godine kasnije, njegove su propovijedi emitirane u Australiji, Rusiji i na Filipinima. Ubrzo je još mnogo zemalja dosegnuto putem Dalekoistočnu radiotelevizijsku kompaniju Azijsku radiotelevizijsku stanicu i Kršćanski radio sustav u Washingtonu.

Godine 1993., tri godine nakon prve prvog emitiranja, Manmin Central Church izabrana je među „50 najuspješnijih crkava na svijetu" prema odabiru časopisa Christian World Magazin (Kršćanski svijet) te je pastoru Leeju Christian Faith College s Floride u SAD-u dodijelio titulu počasnog doktora teologije. Godine 1996. na Kingsway Theological Seminary u Iowi u SAD-u Dr. Lee je primio doktorsku titulu iz područja kršćanskog služenja.

Od 1993. Dr. Lee je vodio evangelizacije u mnogim udaljenim mjestima kao što su: Tanzanija, Argentina, Los Angeles, Baltimore, Hawai, New York, Uganda, Japan, Pakistan, Kenija, Filipini, Honduras, Indija, Rusija, Njemačka, Peru, Demokratska Republika Kongo, Izrael i Estonija.

Poznate i visokotiražne novine u Koreji su ga 2002. prepoznale kao „svjetski priznatog propovjednika probuđenja" zbog njegove silne službe u mnogim zemljama. Posebno je istaknuta njegova evangelizacijska kampanja „New York Crusade 2006" održana u Madison Square Gardenu, jednoj od najpoznatijih svjetskih dvorana. Taj se događaj prenosio uživo u 220 zemalja.

A u evangelizacijskoj kampanji „Israel United Crusade 2009" održanoj u Međunarodnom konferencijskom centru u Jeruzalemu hrabro je propovijedao Isusa kao Mesiju i Spasitelja.

Njegove se propovijedi emitiraju u 176 zemalja putem satelita, uključujući GCN TV te je 2009. i 2010. uvršten među deset najuspješnijih kršćanskih vođa prema izboru popularnog ruskog kršćanskog časopisa In Victory (U pobjedi) i novinske agencije Christian Telegraph zahvaljujući moćnom služenju kroz emitiranje propovijedi i pastoralnom služenju u dalekim zemljama.

Od Travanj 2018. Manmin Central Church broji više od 130 000 članova. Postoje 11 000 crkava kćeri diljem svijeta, uključujući 56 u Koreji. Više od 98 misionara poslano je u 26 zemlje uključujući Sjedinjenje Američke Države, Rusiju, Kanadu, Japan, Kinu, Francusku, Indiju, Keniju i mnoge druge.

Do datuma objavljivanja ove knjige Dr. Lee je napisao 111 knjiga, uključujući i bestselere Kušanje Vječnog Života Prije Smrti, Moj Život, Moja Vjera I i II, Poruka Križa, Mjera Vjere, Raj I i II, Pakao i Božja Moć. Njegova su djela prevedena na više od 76 jezika.

Njegove kršćanske kolumne pojavljuju se u novinama i časopisima: The Hankook Ilbo, The Joongang Daily, The Chosun Ilbo, The Dong-A Ilbo, The Seul Shinmun, The Kyungyang Shinmun, The Korean Economic Daily, The Shisa News i The Christian Press.

Dr. Lee je trenutno vođa mnogih misijskih organizacija i udruga. Njegove funkcije uključuju: predsjednik The United Holiness Church of Jesus Christ (Ujedninjene crkve svetosti Isusa Krista); doživotni predsjednik The World Christianity Revival Mission Association (Svjetsko misijsko udruženje za probuđenje unutar kršćanstva), osnivač i član odbora Global Christian Network – GCN (Globalne kršćanske mreže), osnivač i član odbora World Christian Doctors Network – WCDN (Svjetske mreže kršćanski liječnika) te osnivač i član odbora Manmin International Seminary – MIS, (Međunarodnog teološkog fakulteta Manmin).

## Ostale moćne knjige istog autora

### Raj I & II

Podrobna skica božanske životne okoline u kojoj uživaju stanovnici raja i prekrasan opis različitih razina nebeskog kraljevstva.

### Poruka Križa

Moćna poruka razbuđivanja za sve ljude koji su u duhovnom snu! U ovoj ćete knjizi pronaći razlog zašto je Isus naš jedini Spasitelj i iskrenu Božju ljubav.

### Pakao

Ozbiljna poruka cijelom čovječanstvu od Boga, koji ne želi da čak i jedna duša padne u dubine pakla! Otkrit ćete nikada prije objavljeni opis surove stvarnosti Hada i pakla.

### Duh, Duša, i Tijelo I & II

Kroz duhovno razumijevanje duha, duše, i tijela, koje su komponente ljudi, čitatelji se mogu zagledati u sebe i dobiti uvid u sam život.

### Mjera Vjere

Koja je vrsta boravišta, krune i nagrada pripravljena za tebe u raju? Ova ti knjiga donosi mudrost i vodstvo kako bi izmjerio svoju vjeru i kultivirao najbolju i najzreliju vjeru.

### Probudi se, Izraele

Zašto je Bog uperio pogled u Izrael od početka svijeta do današnjega dana? Koja je vrsta Njegove providnosti pripravljena za Izrael posljednjih dana, koji iščekuje Mesiju?

### Moj Život, Moja Vjera I & II

Najmirisnija duhovna aroma izvučena kao ekstrakt iz života koji je procvjetao neusporedivom ljubavlju za Boga usred tamnih valova, hladnoga jarma i najdubljeg očaja.

### Božja Moć

Obvezno štivo koje služi kao neophodni vodič putem kojega se može zadobiti iskrena vjera i doživjeti čudesna Božja moć.

www.urimbooks.com

www.ingramcontent.com/pod-product-compliance
Lightning Source LLC
LaVergne TN
LVHW021820060526
838201LV00058B/3452